49

FACULTÉ DE DROIT DE PARIS

DROIT ROMAIN

DE LA COGNITIO EXTRAORDINARIA

DROIT FRANÇAIS

DE L'ÉVOCATION

PAR

Jean AZÉMAR

Principal clerc d'avoué

THÈSE POUR LE DOCTORAT

L'ACTE PUBLIC SUR LES MATIÈRES CI-DESSUS

sera soutenu le vendredi 26 avril 1895, à 2 heures 1/2.

Président : M. GLASSON, *professeur.*

Suffragants MM. PLANIOL, *professeur.* GIRARD, *professeur.* LESEUR, *agrégé.*

PARIS

A. PEDONE, ÉDITEUR

LIBRAIRE DE LA COUR D'APPEL ET DE L'ORDRE DES AVOCATS

13, RUE SOUFFLOT, 13

1895

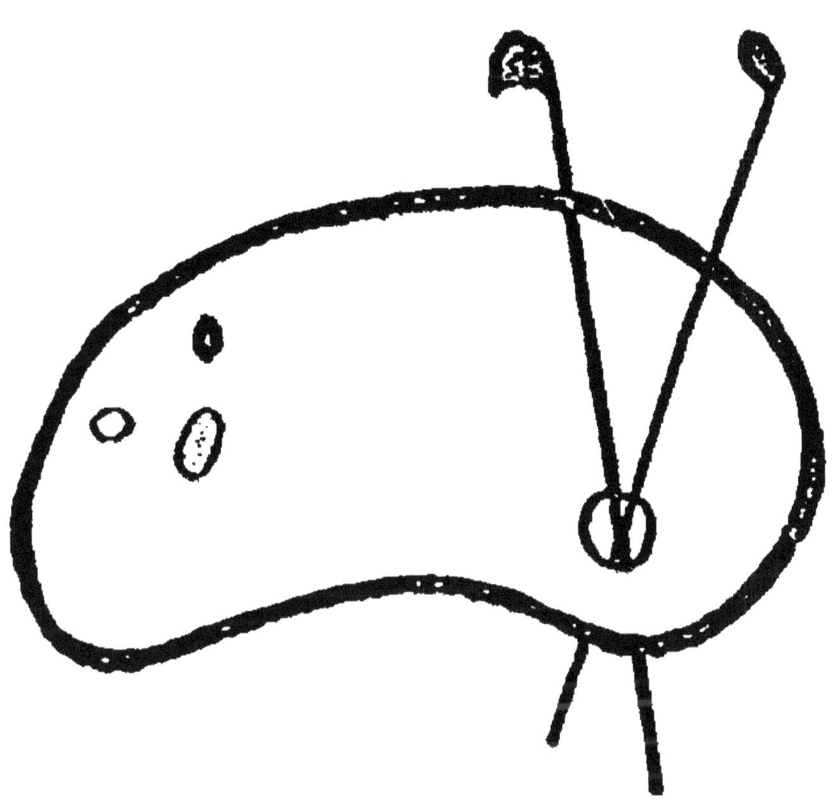

THÈSE

POUR

LE DOCTORAT

La Faculté n'entend donner aucune approbation ni improbation aux opinions émises dans les thèses ; ces opinions doivent être considérées comme propres à leurs auteurs.

FACULTÉ DE DROIT DE PARIS

DROIT ROMAIN

DE LA COGNITIO EXTRAORDINARIA

DROIT FRANÇAIS

DE L'ÉVOCATION

PAR

Jean AZÉMAR

Principal clerc d'avoué

THÈSE POUR LE DOCTORAT

L'ACTE PUBLIC SUR LES MATIÈRES CI-DESSUS

sera soutenu le vendredi 26 avril 1895, à 2 heures 1/2.

Président : M. GLASSON, *professeur.*

Suffragants { MM. PLANIOL, *professeur.* GIRARD, *professeur.* LESEUR, *agrégé.*

PARIS

A. PEDONE, ÉDITEUR

LIBRAIRE DE LA COUR D'APPEL ET DE L'ORDRE DES AVOCATS

13, RUE SOUFFLOT, 13

1895

A LA MÉMOIRE DE MON PÈRE

A MA MÈRE

A MA FIANCÉE

DROIT ROMAIN

DE LA COGNITIO EXTRAORDINARIA

INTRODUCTION

L'homme peut avoir des droits multiples, ayant leur source, les uns dans les contrats passés avec ses semblables, les autres dans la loi. Or, ces droits peuvent être méconnus. La loi qui les accorde ou en reconnait l'existence doit fournir à leur titulaire des moyens de droit pour en recouvrer la jouissance. Ces moyens, ce sont les actions. Dans une société organisée, il importe que nul ne se fasse justice soi-même. L'ordre social serait violemment troublé, si celui dont le droit est contesté pouvait impunément recourir à la force brutale pour obtenir la réparation du préjudice causé ou la restitution de ce qui lui appartient. L'absence de tout autorité chargée de trancher les contestations aurait créé un état de guerre permanent entre les hommes. Aussi le premier soin du législateur romain a-t-il été d'organiser cette autorité, et, principalement, de déterminer les formes à observer pour engager les procès, les suivre et les terminer.

La procédure civile, chez les Romains, a traversé trois phases différentes correspondant à trois époques de leur histoire. Trois systèmes de procédure ont été successivement en vigueur.

1° Le système des actions de la loi;

2° Le système formulaire ;

3° Les jugements extraordinaires.

Nous nous proposons d'étudier, spécialement, le troisième système, la *cognitio extraordinaria*. Mais, avant d'en aborder l'examen, il importe de donner une notion sommaire des deux premiers systèmes de procédure, à Rome.

Les deux premiers systèmes de procédure civile, à Rome, présentent une particularité, qui en est comme le trait le plus saillant et le plus caractéristique, c'est la division des fonctions judiciaires entre le magistrat et le juge, ou juré, le premier se bornant à introduire le procès, à en fixer l'objet, à dire par qui et sur quoi il doit être jugé.

Cette division du procès en deux parties, le *jus*

et le *judicium*, est fort ancienne. On ne sait pas exactement à quelle époque elle apparut. Existe-t-elle déjà sous les premiers rois de Rome ? La négative semble résulter du témoignage de Cicéron (*de repu.*, V, 2) et de Denys d'Halicarnasse (IV, 25). Tous deux, en effet, nous enseignent que les premiers Rois rendaient eux-mêmes la justice. Mais, cette allégation n'est-elle pas contredite par un autre passage de Denys (II, 9) relatif aux privilèges des patriciens, où l'on voit que ceux-ci avaient entre autres pouvoirs, celui de juger. Ce qu'il y a de certain, c'est que la distinction du *jus* et du *judicium* forme le droit commun, depuis la loi *Pinaria*. (an de Rome 280, ou 322. Gaius, IV, § 15). Est-elle antérieure à cette loi ? On ne sait. Le doute vient de ce qu'il est difficile, en présence du texte de *Gaius*, tel qu'il a pu être reconstitué, de connaître l'objet de la loi *Pinaria*. Le texte porte, en effet : *ante eam legem, ... m dabatur judex*. La lettre *m* est-elle la dernière lettre du mot *statim*, ou du mot *nondum* ? Ce point n'a pas été éclairci.

Quoi qu'il en soit, la distinction du *jus* et du *judicium* existe, sous le système des actions de la loi, mais elle n'a pas encore l'importance qu'elle aura plus tard, sous le système formulaire. Sous le système des actions de la loi, le magistrat se contente de présider aux actes solennels dont se compose la *legis actio*, et de constituer le juge, il ne lui fait pas connaître sa mission; il ne lui remet aucune instruction écrite lui traçant ses pouvoirs et les limitant. Tout autre, sous le système formulaire, est le rôle joué par le magistrat; il entend les parties, il précise exactement le point en litige, et, dans une formule que les parties doivent remettre au juge de leur choix, il détermine les principes d'après lesquels la cause sera instruite et jugé; et, chose digne de remarque, le magistrat, en rédigeant cette formule, n'est pas tenu de se conformer à la loi, il a un pouvoir distrétionnaire. Son expérience des affaires, la connaissance approfondie qu'il a de la législation lui permettent d'en reconnaître les vices; il sait quelles en sont les lacunes, il a le pouvoir de combler les unes, de corriger les autres. C'est grâce à cette intervention incessante du magistrat dans le domaine du droit privé que la législation romaine a toujours pu suivre les progrès de la civilisation et donner satisfaction aux besoins nouveaux que le temps faisait naître. *Ipsum jus honorarium*, disait un jurisconsulte classique, *viva vox est juris civiles.*

La distinction du *jus* et du *judicium* ou le jugement par jurés appliqué aux matières civiles, dès le IVe siècle de Rome, peut-être plus tôt, devait rester en vigueur jusques vers la fin du IIIe siècle de l'ère chrétienne, c'est-à-dire pendant près de huit siècles.

Une institution qui a pour elle une si longue histoire, doit présenter de réels avantages.

La législation romaine a connu le prince de la division des pouvoirs, du moins sous la république ; le pouvoir législatif est distinct du pouvoir exécutif. Mais elle n'a pas pris soin, comme chez nous, de distinguer dans ce deuxième pouvoir, la puissance judiciaire et la puissance administrative; ces deux branches du pouvoir exécutif sont confondues, le même fonctionnaire exerce l'une et l'autre. Or, la concentration entre les mêmes mains de ces deux prérogatives sociales, puissance d'administrer, puissance de juger, peut donner lieu au plus graves abus. Le juge qui dispose de la force exécutrice peut devenir un oppresseur.

La distinction du *jus* et du *judicium* remédie à ce danger, dans une certaine mesure. Le choix que les parties font de leur juge est, en effet, pour elles une garantie d'impartialité et d'intégrité. Ce n'est pas tout. Cette répartition des fonctions judiciaires entre deux personnes, la première conservant seulement la direction supérieure du procès, en assurant la marche régulière, la seconde recevant la mission d'instruire et de juger, cette répartition, disons-nous, est pour les plaideurs le gage d'une bonne justice. Car si la décision du point de droit exige des connaissances spéciales, la décision du point de fait exige un esprit juste et droit, une pratique des affaires que les citoyens jurés étaient plus à même de posséder que les magistrats.

Nous diviserons notre sujet en deux chapitres. Dans le premier chapitre, nous rechercherons les origines de la *cognitio extraordinaria*; dans le second chapitre, nous étudierons son fonctionnement.

CHAPITRE PREMIER

DES ORIGINES DE LA « COGNITIO EXTRAORDINARIA »

La procédure formulaire, après avoir traversé huit siècles environ, fut supprimée par une constitution des empereurs Dioclétien et Maximien promulguée en l'an 294 pour l'Empire d'Orient, et en l'an 305 pour l'Empire d'Occident (loi 2, Code, l. 3, t. 3), et remplacée par une nouvelle procédure, la *cognitio extraordinaria*.

La *cognitio extraordinaria* se distingue au caractère suivant : le magistrat ne se borne plus, comme sous le système formulaire, à fixer l'objet du procès, et à renvoyer les parties devant le juge de leur choix, il retient l'affaire, il *en connait*, *cognoscit*, et il la résout lui-même.

On commettrait une grave erreur si l'on croyait que la nouvelle procédure s'est brusquement, et sans transition, substituée à la procédure par formule. Cette transformation ne s'est pas opérée en un jour, et d'un seul coup. De même que la procédure formulaire avait été lentement, graduellement, préparée, de même la procédure extraordinaire, avant de former le droit commun, avait été amenée, préparée par des faits nombreux. Sous le système formulaire, et même déjà sous le système des actions de la loi, elle existe, à titre exceptionnel. La constitution précitée a simplement converti l'exception en une règle générale.

Avant Dioclétien, la distinction du *jus* et du *judicium* est la règle. Le magistrat, chargé de la *jurisdictio*, ne statue pas sur le fond. L'affaire, devant lui, n'aboutit pas à une *sententia*, mais à un ordre, à un décret fixant par qui et sur quoi il doit être jugé. mais, avec le temps, ce principe reçu' des exceptions. Rares, au début, elles ne tardèrent pas à se multiplier jusqu'au jour où le principe combattu et, en fait, fortement atteint, disparut complètement. Le magistrat, *extra ordinem*, contrairement au droit commun, seul connait de l'affaire et la termine. Le recours que les parties exercent auprès de lui prend le nom de *persecutio*.

Une question intéressante à connaître, mais qu'il est impossible de résoudre, en l'état des documents que nous possédons, est celle de savoir en quels cas le magistrat procède en la forme ordinaire, en quels cas, au contraire, il procède en la forme extraordinaire. Des controverses se sont élevées sur ce point.

Dans une première opinion, on a soutenu que le préteur avait, en cette matière, un pouvoir absolu, qu'il pouvait selon son bon plaisir, trancher lui-même la contestation, ou charger un juge de cette mission. Les lois 8 et 9 au Dig. (1. 18) semblent confirmer cette manière de voir. L'empereur, consulté, répond au demandeur qu'il peut s'adresser au magistrat : celui-ci examinera s'il doit retenir l'affaire ou la renvoyer à un juge, n'est-ce pas dire clairement que le magistrat jouit d'une liberté illimitée.

Dans une seconde opinion, on soutient que les deux textes précités n'ont pas une portée aussi large que celle qu'on leur donne dans la première doctrine. Sans doute, le magistrat a un droit d'option relativement à la façon dont le procès sera instruit et jugé, mais dans quel cas? Les textes le disent : ce sera celui où le demandeur se sera préalablement adressé à l'Empereur pour le consulter. En toute autre hypothèse, le droit d'option cesse, le magistrat doit nécessairement renvoyer devant un juge. A l'appui de cette opinion, on invoque la première partie de la constitution de Dioclétien et Maximien. Les empereurs déclarent que, dans les cas où auparavant, les présidents de Province nommaient des *judices pedanei*, parce qu'ils ne pouvaient juger eux-mêmes, désormais, ils devront connaître de l'affaire et la terminer. N'y a-t-il pas là la preuve que, avant la constitution, la distinction du *jus* et du *judicium* est encore en vigueur et que les magistrats n'ont pas la faculté de retenir, à leur gré, l'affaire portée devant eux, ou de la renvoyer à un juge.

Quelle que soit la solution que l'on donne à cette question obscure, il est incontestable que, au moins pour certaines causes déterminées, le droit de statuer définitivement est dévolu au magistrat.

Tout d'abord, il existe une catégorie d'affaires que l'on fait rentrer dans le cercle des *cognitiones extraordinariæ*, bien que, à vrai dire, cette dernière expression ne leur convienne pas. Nous faisons allusion à ces affaires qui, par leur nature, sont du domaine propre du magistrat, et rentrent dans ses attributions régulières. La justice civile n'a pas, en effet, toujours pour objet de statuer sur des droits litigieux. Son intervention est souvent sollicitée, non pour trancher un différend né et actuel, mais pour donner satisfaction, par des mesures urgentes, à certains besoins. Donnons quelques exemples, des *loca publica*, temples sacrés, places, chemins, cours d'eau, etc., sont l'objet de travaux ou d'usurpations qui en rendent l'accès difficile aux citoyens. C'est un homme libre qui est séquestre, et une tierce personne voudrait faire cesser cette séquestration. Un possesseur jouit paisiblement d'une chose; il est troublé dans sa possession, ou il en est privé par la violence ou par la ruse. Le magistrat doit, de suite, prendre une mesure : faire cesser le trouble, au moins provisoirement, et cela au moyen d'un interdit. Voici des personnes intéressées à la conservation d'un patrimoine et qui courent le risque de le voir diminuer, disparaître peut être, si celui qui l'administre en conserve l'administration. Le magistrat viendra à leur secours, à l'aide d'une *missio in possessionem*.

Voici deux personnes qui sont dans une situation telle, que l'équité exige qu'une obligation soit contractée par l'une envers l'autre. Le magistrat interpose ici encore son autorité, et préside à la stipulation. — Enfin, la stricte application des règles du droit aboutit à une iniquité. Le magistrat intervient pour redresser le tort qui s'est produit légalement, et cela au moyen d'une *in integrum restitutio*. Insistons sur chacune de ces décisions du magistrat.

I. — « Cognitio extraordinaria » dans son sens large.

A. INTERDITS.

L'interdit est défini, aux Institutes, pr., 4, 15 : « une formule solennelle par laquelle le Prêteur ordonne ou défend de faire quelque chose ».

Cette définition est exacte, si on se reporte aux premiers temps de Rome, mais, appliquée à l'époque du droit classique, elle a le défaut d'être trop vague et incomplète. L'ordre du magistrat, en effet, dans la suite, a cessé d'être pur et simple, il est devenu conditionnel. Il ordonne au défendeur de donner satisfaction aux prétentions du demandeur, dans le cas où telle ou telle condition se trouveraient réunies. L'interdit peut alors être défini : un ordre émané du magistrat contenant, sous forme hypothétique, en vertu de faits supposés, une déclaration de principes qui pourra servir à un procès.

IDÉE GÉNÉRALE DES CAS ET DE LA PROCÉDURE DES INTERDITS.

1° *Idée générale des cas dans lesquels l'interdit est*

délivré. — En droit romain, l'exercice d'une action suppose un droit préexistant. L'action n'est autre chose que le droit passant du repos à l'état actif. Or, il existe un assez grand nombre de rapports établis entre les personnes ou entre les personnes et les choses qui ne constituent pas des droits proprement dits, et qui, par suite, ne peuvent motiver une action, mais qui, cependant, ne peuvent être troublés impunément.

1er groupe. Rapports de personnes à personnes.

Tout citoyen a un certain intérêt à ne pas voir attenter à la liberté de ses concitoyens. Supposons que, citoyen romain, je vois un de mes concitoyens sequestré arbitraitement. Puis-je dire que je suis lésé dans un de mes droits? Assurément non. L'action et le droit sont inséparables et toute action aboutit à une condamnation pécuniaire. Un intérêt ne peut constituer un droit que s'il est susceptible d'appréciation en argent. Or, dans l'espèce, je n'ai aucun intérêt pécuniaire. Je n'ai donc pas d'action. Cependant, il n'est pas admissible que je ne puisse faire cesser cet état de choses. Car, autrement, je serai porté à me faire justice moi-même. Dans cette hypothèse, comme dans d'autres analogues, il y aura place pour un interdit.

2e groupe. Rapports de personnes à choses.

Ce deuxième groupe se subdivise en deux catégories : *a.* rapports de personnes à choses hors du commerce ; *b.* rapports de personnes à choses dans le commerce.

a. Rapports de personnes à choses hors du commerce.

Les choses hors du commerce sont les *res religiosæ, publicæ, universitatis, communes.* Relativement à ces choses, les citoyens ont-ils des droits proprement dits ? non. L'expression même *extra commercium* le prouve. Si donc quelqu'un m'empêche de me servir des choses énumérées ci-dessus, conformément à leur destination, puis-je me dire lésé dans un de mes droits, et exercer une action ? Non, il serait cependant absurde que, par suite de la violence qui m'est faite, je ne pusse librement user de choses mises à la disposition de tous ; je dois avoir un moyen légal de faire cesser cet état de choses, ce moyen, ce sera l'*interdit.*

b. Rapports de personnes à choses dans le commerce.

Certains rapports entre les personnes et les choses *in commercio* peuvent ne pas constituer des droits : ainsi la possession et la quasi-possession. La possession est un état de fait (loi 1 § 3 et 4, D. 41, 2). Aucune action, soit réelle, soit personnelle, ne compète à celui qui est troublé ou dépossédé, et cependant il doit avoir un moyen légal de faire cesser le trouble ou de recouvrer la possession. Ce moyen, c'est l'*interdit*.

2° *Idée générale de la procédure*. — Il y a lieu, sur ce point, de distinguer trois époques : l'époque primitive, l'époque de transition, et l'époque classique.

1° *Epoque primitive*. Le magistrat devant lequel est portée la plainte du demandeur ne peut procéder à la *Legis actio*, car, à proprement parler, celui-ci n'a pas de droit à faire respecter. Il ne peut cependant laisser sans satisfaction la plainte du demandeur. En refusant, en effet, d'intervenir il provoquerait l'emploi de la violence. Il prend donc connaissance des faits, et, selon les circonstances, il dira à la partie adverse : *exhibeas, restituasve*. Cet ordre s'appelle *decretum*. Toutefois, lorsque la décision du magistrat comporte une défense, on emploie plutôt le mot *interdictum*. Dans la suite, cette dernière expression s'applique à toutes les décisions du magistrat. G. IV, § 140.

L'interdit une fois délivré, deux hypothèses peuvent se présenter : ou bien le citoyen contre qui la décision est rendue s'y conforme, ainsi, il met en liberté l'homme libre qu'il avait sequestré, il rend libre la voie publique, etc., alors tout est terminé, ou bien, il ne s'y conforme pas. Dans ce dernier cas, le magistrat, usant de son *imperium*, recourra aux mesures les plus propres à assurer l'exécution de son ordonnance, par exemple, en faisant prendre des gages sur le patrimoine de l'adversaire, au moyen de la *pignoris capio*.

A cette époque primitive, la procédure de l'interdit est la *cognitio extra ordinem* purement et simplement. Cette manière de procéder du magistrat ne repose toutefois que sur des conjectures, extrêmement vraisemblables, sans doute, mais qu'il est impossible de vérifier dans les documents qui nous ont été transmis, les textes que nous possédons se référant à une époque postérieure.

2° *Époque de transition*. — Le magistrat, au lieu d'examiner lui-même les faits, les renvoie à un *judex*. Mais de quelle manière ce juge sera-t-il saisi de l'affaire ? On emploie le procédé de la *sponsio* et de la *restipulatio*. Le plaignant, *in jure*, dira à son adversaire : « si je réussis à démontrer devant le juge que tu séquestres sans droit tel homme libre, me promets-tu telle somme à titre de peine? L'adversaire répond : *spondeo*. Puis, à son tour, ce dernier stipule du plaignant la même peine, en sens opposé.

Les stipulations une fois faites, les parties se transportent devant le *judex*. Celui-ci examine, en apparence, quel est le pari fondé, mais, en réalité, il recherche si les choses sont bien en l'état indiqué plus haut, c'est-à-dire si la séquestration est bien arbitraire, etc., puis il rend sa sentence. Les parties reviennent ensuite devant le magistrat, lequel rend alors l'ordonnance qu'il aurait rendue par lui-même, à la première époque.

Il est aisé d'apercevoir les avantages que présente cette nouvelle procédure. Le magistrat n'intervient plus ici qu'au commencement des débats pour dire le droit c'est-à-dire, pour fixer les règles d'après lesquelles le juge doit statuer, et à la fin, pour assurer l'exécution de son ordonnance, il se décharge ainsi des faits, de l'enquête à laquelle il y a lieu de procéder sur le point de savoir si la plainte est fondée ou non, innovation utile surtout à une époque où, le territoire de Rome prenant de l'extension, les affaires devenaient de plus en plus considérables et compliquées.

3° *Procédure à l'époque classique.* — A l'époque classique, la procédure de l'interdit subit un nouveau changement. Le magistrat, désireux d'alléger le plus possible le fardeau des affaires dont il se trouve chargé, au moment même où il renvoie les parties devant le juge, rend l'ordonnance qu'il ne rendait autrefois qu'après l'examen des faits. Grâce à cette innovation, les parties ne comparaissent devant lui qu'une fois. En une seule séance on atteint le résultat que l'on obtenait antérieurement en deux séances, et voici les conséquences que cette nouvelle procédure entraine :

1° L'ordonnance du magistrat n'est plus désormais qu'un ordre conditionnel hypothétique, destinée à rester lettre morte si le demandeur ne fait pas la preuve de ce qu'il avance ;

2° Lorsque l'ordonnance du magistrat n'intervenait qu'après la vérification des faits, le magistrat n'avait pas cru devoir poser par avance les conditions auxquelles il la rendrait, il conservait, à ce sujet toute liberté. Mais, depuis qu'il rend l'ordonnance avant l'examen des faits, il fut dans la nécessité de déterminer par avance les conditions même d'application de l'ordonnance au défendeur. C'est ainsi qu'on vit apparaître, dans l'*album* du préteur, des formules d'*interdits* (loi 1, code, 8-1).

La substitution du système formulaire au système des actions de la loi compliqua encore la procédure nouvelle. Avant de saisir le juge, le magistrat, la *sponsio* et la *restipulatio* une fois terminées, construit deux formules de *condictiones certæ pecuniæ*, l'une au profit du demandeur, l'autre au profit du défendeur. Ces deux formules écrites sont remises au juge. Celui-ci a pour mission d'examiner si l'interdit doit s'appliquer aux faits qui lui sont soumis. Donne-t-il raison au démandeur, le défendeur devra payer le montant de la *sponsio*, et, en outre, l'*interdit*, rendu hypothétiquement par le magistrat, sera, dans l'espèce, applicable. Donne-t-il, au contraire, raison au défendeur, le demandeur sera tenu de restituer le montant de la *restipulatio*, l'interdit enfin sera inapplicable.

La distinction en trois périodes successives de la procédure des interdits est tirée de Keller, § 74. Rappelons que les textes que nous possédons n'appartiennent qu'à la troisième période (pr. *Inst.* 4, 15, lois 1 § 6, 43, 13, D., 1 § 3, 7 § 3, D. 43, 24, etc,) il est néanmoins permis de supposer l'existence des deux premières périodes, car la procédure de la troisième période est si peu naturelle qu'elle n'a pas pu exister à l'origine ; on a dû y arriver progressivement.

Les interdits ne sont plus en usage, au Bas-Empire ; mais, à l'époque classique, ils sont encore en pleine vigueur. Gaius, en effet, nous en parle au présent.

On se demande pourquoi les interdits se sont maintenus si longtemps, concurremment avec les actions, comment les actions prétoriennes *in factum conceptæ* n'ont pas remplacé complètement les interdits.

Plusieurs explications ont été proposées.

1re *explication*. M. Machelard, dans son traité des interdits, p. 46, croit pouvoir rattacher le maintien des interdits à un certain esprit de routine et d'habitude, chez les Romains. Mais, cette explication est insuffisante. Sans doute, les Romains ne détruisent pas leurs institutions, mais, quand l'une d'elles a fait son temps, tout en ne l'abrogeant pas, ils la laissent tomber en désuétude. Or, à l'époque classique, ils se servaient des interdits, c'est donc que ceux-ci avaient une utilité propre.

2ᵉ *explication*. Les interdits ont l'avantage de procurer l'exécution *in naturâ* de ce que le demandeur a le droit d'exiger, tandis qu'une action ne peut faire obtenir qu'une somme d'argent.

Est-il bien certain que l'interdit soit susceptible d'exécution forcée ? Il y a des doutes sur ce point. Nous pensons que l'interdit doit être exécuté en nature. L'interdit, en effet, émane du magistrat. Quand le juge a reconnu que l'interdit est applicable au défendeur, on ne peut admettre que celui-ci ait le droit de ne pas l'exécuter. Le magistrat dispose de la force publique ; il a auprès de lui une cohorte, des *officiales*. Pourquoi ne les emploierait-il pas à assurer le triomphe du bon droit et de l'équité ? Des textes viennent corroborer cette opinion. Quelqu'un a construit sur un chemin public, il doit démolir sa construction. S'il en était autrement, l'autorité du magistrat serait complètement illusoire (loi 7, D., 43, 8, *Sent*. Paul, V, 6 § 2).

L'opinion contraire compte de nombreux partisans. M. Accarias, n° 953, note, soutient que la résistance à l'interdit n'est punie que d'une condamnation pécuniaire. Dans ce système, on invoque des textes assez nombreux où l'on voit que la condamnation était purement pécuniaire. G. IV, § 163. Mais, à notre avis, ces textes ne sont pas décisifs ; ils n'excluent nullement la possibilité d'une exécution en nature. Le demandeur a le choix entre une condamnation pécuniaire et une exécution en nature ; il aime mieux obtenir la condamnation pécuniaire considérable à laquelle il a droit, voilà tout.

B. — ENVOIS EN POSSESSION.

En second lieu, le magistrat, pour donner satisfaction à certains besoins, décrète une *missio in possessionem*.

La *missio in possessionem* peut avoir pour objet tantôt un objet particulier, tantôt un ensemble de biens. Les effets qu'elle produit varient suivant les circonstances.

1° *Missio in possessionem* portant sur un objet particulier.

Elle se présente principalement dans le cas de refus de fournir la *cautio damni infecti*. Un bâtiment menace ruine. Un propriétaire voisin craint que la chute de l'édifice, si elle se produit ne lui occasionne de graves dommages ; il invite le propriétaire du bâtiment à lui permettre de l'indemniser, au cas où le dommage aurait lieu, et celui-ci refuse de faire cette promesse. Le magistrat, alors, par un premier décret, envoie le voisin menacé en possession du bâtiment. Cette *missio*, au début, ne donne au *missus* que la *custodia*, avec la faculté de faire toutes réparations nécessaires (loi 15 § 20, D. 39, 2). Ce premier décret est suivi, après un délai de 30 jours, d'un nouveau décret, au cas où le propriétaire du bâtiment persiste à refuser la *cautio*, et, cette fois, le *missus* reçoit le pouvoir de posséder exclusivement l'édifice et de l'acquérir par usucapion (l. 15, § 16, 21, 27, *eod*).

2° *Missio in possessionem* ayant pour objet un ensemble de biens.

Cette *missio* a lieu, notamment, dans les cas suivants :

a. Un legs est affecté d'un terme ou d'une condition. Le bénéficiaire peut craindre que, à l'échéance ou à l'arrivée de la condition, l'héritier grevé ne conteste l'existence de son droit ou ne soit plus en mesure de s'acquitter envers lui. Le magistrat l'autorise à demander à l'héritier une *cautio* avec *satisdatio*. On suppose que la promesse n'est pas faite. Le magistrat l'envoie alors en possession des biens du testateur. Cette *missio* a pour effet unique de lui accorder la *custodia rerum* et *observatio*. Grâce à cette mesure, on prévient les détournements ou autres abus que pourrait commettre l'héritier, l. 5, pr. D. 36, 4. Celui-ci est libre, d'ailleurs, de faire cesser la *missio in possessionem*, en fournissant la *cautio* demandée.

b. Un legs (ou un fidéicommis) est exigible. Un rescrit d'Antonin Caracalla dispose que, six mois après un premier avis donné devant le préteur, le bénéficiaire du legs peut être envoyé en possession des biens du grevé. Cette *missio* a pour effet de donner au bénéficiaire du droit légué la faculté de toucher par privilège les revenus du patrimoine saisi, et de les imputer sur sa créance (L. 5, § 16, 25, D. 36, 4, loi 6, Code, 6, 54).

c. Un héritier présente un testament revêtu des cachets de sept personnes. Le magistrat, à qui ce testament est présenté, croit que la mancipation a été accomplie, que les cachets apposés sont ceux du *familiæ emptor*, du *libripens* et des cinq témoins, en un mot, que le testament est régulier. En conséquence, il envoie l'héritier en possession des biens du défunt (Paul. III, 5, 14, 18; loi 26, Code, 11, 36).

C. — STIPULATIONS PRÉTORIENNES.

En principe, les contrats sont abandonnés à la libre initiative des parties. Il existe cependant des cas dans lesquels une personne peut se trouver obligée envers une autre, sans qu'elle ait été absolument libre de contracter ou de ne pas contracter son obligation. Cet état de choses est dû à l'entremise du magistrat. Dans bien des hypothèses, et pour certaines causes, on le voit intervenir dans les rapports des particuliers et contraindre l'un deux à s'obliger, par stipulation.

Les stipulations qui ont lieu par l'entremise du magistrat, prennent le nom de *prétoriennes*, à raison même de l'autorité qui les fait naître.

Ulpien divise les stipulations prétoriennes, d'après leur but, en *judiciales*, *cautionales* et *communes*.

a. Stipulations *judiciales*. — Comme exemples de stipulations *judiciales*, on peut citer la stipulation *judicatum solvi* due par le défendeur à l'action en revendication. Le but de cette stipulation est d'assurer la marche du procès et l'exécution de la condamnation, au cas où celle-ci serait prononcée. La promesse faite par le défendeur est garantie par des fidéjusseurs.

b. Stipulations *cautionales*. — Elle sont assez nombreuses. Les principales sont :

1° La stipulation *rem ratam dominum habiturum;*

2° La stipulation *rem pupilli salvam fore;*

3° La stipulation *damni infecti* (loi 7, pr. D. 39. 2);

4° La *cautio usufructuaria, usuaria*, et autres semblables (lois 2, 7, 9, 11, D. 7, 5).

Ces stipulations sont appelées *cautionales*, parce que leur but est de fournir à celui au profit de qui elles ont été créées, des garanties jugées nécessaires, garanties consistant tantôt en une promesse simple, *nuda repromissio*, tantôt, et le plus souvent, en une promesse suivie de *satisdatio*.

La garantie due au stipulant consiste en une promesse simple dans le cas de la *cautio damni infecti*.

Nous avons déjà parlé de l'hypothèse dans laquelle cette stipulation intervient. Un bâtiment menace ruine. Un propriétaire voisin craint que la chute de l'édifice ne lui cause un dommage, considérable, peut-être. Or, d'après les principes romains, le propriétaire du bâtiment peut se soustraire à toute responsabilité, en abandonnant les choses qui ont commis le dommage, les matériaux dans l'espèce. Cet abandon est conforme à la loi, mais il n'est pas toujours équitable. Le magistrat, interposant son autorité, vient au secours du voisin menacé, en mettant en demeure le propriétaire du bâtiment de promettre de l'indemniser de tout le dommage que la chute du bâtiment peut lui faire éprouver, si elle vient à se produire. Les circonstances justifient cette promesse, mais elles ne commandent pas l'adjonction de fidéjusseurs. Nous donnerons la même solution, relativement à la *stipulatio duplæ*, dans les ventes de choses précieuses. Le vendeur peut être tenu de promettre le double du prix, en cas d'éviction si, étant donnée la chose vendue, l'usage est de faire une pareille stipulation. Mais le caractère de bonne foi du contrat de vente n'autorise pas une exigence plus grande. C'est à l'acheteur à ne pas traiter, s'il n'a pas confiance en la solvabilité de son débiteur éventuel, le vendeur.

Il en est tout autrement dans les autres hypothèses de stipulations prétoriennes. Prenons, à titre d'exemple, la *cautio usufructuaria*. L'usufruitier, légalement, n'est tenu d'aucune obligation envers le nu-propriétaire. Entre lui et ce dernier, il ne peut exister que des rapports de fait. Le *jus in re* dont il est investi ne l'astreint à rien. Sans doute, s'il dégrade la chose, il sera tenu, en vertu de la loi Aquilia, de réparer le dommage causé. Mais s'abstient-il d'administrer, ou administre-t-il mal, il n'encourt aucune responsabilité. Il ne répond, en effet, que de ses fautes délictuelles. Or, le magistrat a pensé, et avec raison, que cette situation, si elle est conforme au droit strict, est peu équitable. Les intérêts du nu-propriétaire ne sont plus sauvegardés. Aussi, le magistrat l'autorise-t-il à exiger deux choses de l'usufruitier : 1° une promesse d'administrer en bon père de famille ; 2° une *satisdatio*. La promesse simple, sans la garantie des fidéjisseurs, aurait pu être inefficace.

c. *Stipulations communes*. Les stipulations communes sont celles qui réunissent en elles le but particulier de chacune des deux premières espèces.

La sanction attachée aux stipulations prétoriennes varie suivant les cas. Le magistra a, sur ce point, un pouvoir absolu. Les moyens de contrainte indirects consistent tantôt dans une *denegatio actionum*, (loi 1 § 7, D. 35, 3), tantôt dans une *missio in possessionem*, tantôt dans la délivrance d'*actiones ex stipulatu fictitiæ*, enfin dans la nomination d'un séquestre (l. 5, § 1, D. 36, 3).

D. — In integrum restitutiones.

L'in integrum restitutio nous offre un nouvel exemple, et non le moins important, de l'usage que le magistrat peut faire de sa *jurisdictio*.

En général, les procès ont pour but de faire respecter un état de droit qui est troublé, en fait. La *restitutio in integrum* fait exception à cette règle, du moins en apparence. Un état de droit existe, régulier, conforme à la loi civile. Il s'agit de le faire cesser, et de rétablir l'état de droit antérieur. Tel est l'objet de l'*in integrum restitutio*.

L'*in integrum restitutio* peut être définie : le redressement d'un individu dans la situation juridique dans laquelle il était auparavant.

Cette institution, singulière, au premier abord, car elle implique la négation de droits régulièrement acquis, a pour fondement la justice pure, cette justice supérieure dont le droit positif s'écarte quelquefois.

Les lois 1 et 2, au Dig. liv. 4. tit. 2, énumèrent les causes pour lesquelles l'*in integrum restitutio* peut être prononcée. Ces causes, qualifiées justes, *justæ causæ*, sont principalement : la violence, le dol, l'erreur, la *capitis deminutio*, la minorité de 25 ans, l'absence.

1° *La violence.*

La violence est une pression exercée par des menaces, dans le but d'amener une personnes à accomplir un acte qu'elle refuse d'accomplir volontairement. *Primus* menace *Secundus* de le tuer, s'il ne fait pas tel acte. *Secundus* consent à faire cet acte.

Le vieux droit civil ne protège pas ceux qui, dans un acte juridique quelconque, ont été victime d'une violence et souvent lésés pécuniairement.

Le juge, en effet, dans les actions de droit strict, et primitivement ces actions étaient la règle, chargé de fixer l'étendue de l'obligation du débiteur, devait s'entenir au droit pur, sans se laisser influencer par des considérations d'équité ; il lui fallait ignorer l'adage : la lettre tue, l'esprit vivifie ; il devait appliquer le droit strict. Il avait un pouvoir d'interprétation étroit. Ainsi que le disait Cicéron, fa formule l'enserrait, et lui posait des limites qu'il ne pouvait pas franchir.

Cette législation blessait trop l'équité pour ne pas appeler une réforme.

Le magistrat romain vint au secours des parties de trois manières différentes :

1° En faisant de la violence un délit spécial sanctionné par une action, l'action *quod metus causa.*

2° En accordant à la partie qui avait contracté une obligation *metu*, et qui ne l'avait pas encore exécutée, une exception *quod metus causa*, destinée à paralyser les poursuites ;

3° Enfin, en organisant l'*in integrum restitutio.*

On discute sur l'ordre d'introduction de ces trois moyens. Quel est celui qui a été imaginé le premier ? On ne sait exactement. Admettons l'ordre dans lequel nous venons de les présenter. Mais alors une question surgit. Quelle peut être l'utilité de l'*in integrum restitutio?* Dans quels cas y a-t-on recours ? L'action et l'exception *quod metus causa* déjà créées par le préteur, ne suffisent-elles pas à tous les besoins ? On sait que l'action et l'exception sont *in rem conceptæ* ; que l'action, en particulier, au quadruple, est donnée non seulement contre l'auteur de la violence, mais encore contre tout tiers qui en a profité (loi 9 § 8, loi 10 pr., etc., D. 4, 2). Le caractère arbitraire de cette action n'assure-t-il pas efficacement le rétablissement de l'état de droit antérieur ? Cela étant, on se demande dans quelles occasions l'*in integrum restitutio* trouve son application. La vérité est qu'elles sont peu nombreuses. Entre autres hypothèses, on cite le cas où un héritier, *metu coactus*, a répudié une hérédité avantageuse. Sans doute, il peut agir par l'action *quod metus causa*, contre l'auteur de la violence. Mais cette action ne présente pas les mêmes avantages que l'*in integrum restitutio*. Car, outre que la restitution *in natura* du droit d'hérédité est impossible au défendeur, l'évaluation du préjudice causé au demandeur peut être souvent difficile à établir. Nous supposons l'auteur de la violence solvable. Est-il insolvable, l'*in integrum restitutio*, sera, cela est évident, l'unique ressource de l'héritier renonçant.

La *restitutio in integrum*, une fois accordée, se réalise au cas où le *restitutus* se voit contester son droit d'héritier, au moyen d'*actiones fictitiæ*.

2° *Le dol.*

Le dol est tout artifice induisant une personne en erreur, agissant sur la volonté et la déterminant à contracter.

Nous venons de remarquer que le vieux droit civil ne vient pas au secours de ceux qui ont été victimes d'une violence. A plus forte raison, doit-il laisser sans protection ceux qui ont été trompés. C'est aux hommes à résister aux menaces, à déjouer la ruse.

Mais là encore le magistrat s'éleva contre l'iniquité de la loi romaine, il voulut la réformer, et, dans ce but, il créa l'exception de dol, l'action de dol, enfin l'*in integrum restitutio.*

Relativement à l'*in integrum restitutio,* observons que la victime du dol n'a pas la liberté absolue de choisir entre l'action de dol et ce dernier moyen de protection. La *restitutio* est accordée, de préférence, par le magistrat à la partie trompée. Cela tient au caractère subsidiaire de l'action de dol. Cette action à cause de sa nature infamante, n'est accordée qu'à défaut d'autre moyen (l. 1, §4, 11, D. 4, 3). Toutefois la question est controversée. L. 20, loi 38, cod. loi 27, § 4, D.4,4).

L'*in integrum restitutio* est-elle accordée, elle se réalise, comme dans le cas de violence, par le moyen d'actions fictices. Nous supposons que le droit primitif de la victime du dol est contesté.

3° *Erreur.*

La perte d'un droit peut être le résultat d'une erreur de droit ou de fait. Le magistrat vient-il, en pareil cas, au secours de la partie lésée? Les textes [illegible]s répondent affirmativement, mais seulement dans les hypothèses où l'erreur n'a pu être évitée par la partie lésée. C'est là une question de fait entièrement abandonnée à l'appréciation du magistrat. Or nous voyons que seules sont admises, comme justes causes d'infirmation, les erreurs qui, par une application rigoureuse des règles de la procédure, peuvent, dans le cours d'un procès, préjudicier gravement aux droits des parties. Ainsi, un légataire, agissant en justice, a demandé l'intégralité de la chose léguée, *totum legatum* (inst. § 33, *de action*) alors que, en vertu d'un codicille, dont il ignore l'existence, une partie de cette chose lui a été enlevée, ou que d'autres legs ont été faits, contrairement à la loi Falcidie. Il a commis, par suite, une *plus petitio*, et il a succombé. Son erreur était inévitable. Il obtiendra du préteur la faveur d'*être restitué en entier*.

Autre hypothèse. Un plaideur a, par erreur, déduit, *in judicio*, une action contre un pupille assisté d'un faux tuteur, *falso tutore auctore* (L. 1, § 6, D., 27, 6), *id ignoravit*, il est excusable : *dabo*, est-il écrit dans l'édit, *in integrum restitutionem*.

Enfin, dernier exemple, un créancier a poursuivi un héritier testamentaire, et il a été écarté par l'exception suivante : « à moins qu'il n'existe un fils du défunt, émancipé, qui puisse s'élever contre le testament. » Puis, ce dernier renonce à demander la *bonorum possessio contra tabulas*. Il est juste, dit la loi 5, D., 44, 7, que l'action soit rendue au créancier, car tant que la *bonorum possessio contra tabulas* peut être donnée au fils, en quelque sorte, l'héritier n'est pas débiteur.

4° *Minorité de 25 ans.*

A Rome, la majorité civile commence avec la puberté, définitivement fixée, sous Justinien, à 14 ans pour les hommes et à 12 ans pour les filles. L'opinion des Sabiniens d'après laquelle la question de savoir si l'enfant était pubère devait être tranchée en fait, n'avait pas prévalu. Les Proculiens préféraient assigner à la puberté un âge fixe. Justinien a suivi ce système.

La pleine capacité d'agir attribuée aux pubères, encore mineurs, peut être nuisible à ceux qui en ont le bénéfice. Il est bien rare, en effet, qu'un jeune homme de 14 ans ait assez d'expérience pour administrer utilement son patrimoine. Sur ce point, la législation romaine est certainement défectueuse. Aussi était-il nécessaire de venir au secours de jeunes gens, capables en droit, mais le plus souvent incapables en fait.

Une double protection fut organisée. La première

a sa source dans la loi Plœtoria, la seconde résulte d'une disposition de l'édit du préteur.

a. *Loi Plœtoria*.— Cette loi, rendue vers le VIe siècle de Rome, et sur laquelle nous n'avons pas à insister, contient, entre autres dispositions, l'autorisation accordée à toute personne d'agir contre le tiers qui par fraude, avait abusé de l'inexpérience d'un mineur de 25 ans, pour lui faire faire un acte désavantageux. Cette poursuite entraîne l'infamie.

b. *Le Préteur*.— La loi Plœtoria protège les mineurs de 25 ans d'une façon insuffisante. En effet, elle ne s'applique qu'autant que le tiers a agi par fraude. Or on peut supposer que celui-ci est de bonne foi, mais que, néanmoins, l'acte est préjudiciable à son auteur. En outre, la loi ne vise que les contrats, et non les actes unilatéraux, tels que acceptation de succession, renonciation à une succession, et de pareils actes peuvent être lésifs. La législation romaine contenait donc une lacune, le préteur la combla. Il décida que toutes les fois que l'acte passé par le mineur lui aurait causé une lésion, un décret d'*in integrum restitutio* serait rendu à son profit. Grâce à ce décret, l'acte est effacé ; les chose sont remises dans leur état ancien (loi 1, D., 4, 4 ; loi 7, § 8, *eod*).

Le bénéfice de l'*in integrum restitutio* est également accordé au pupille, lorsque le tuteur lui a mal à propos accordé l'*auctoritas*, et qu'en outre, il est, par suite de son insolvabilité, dans l'impossibilité de réparer le dommage causé.

En cette matière le magistrat jouit d'un pouvoir absolu, il décide seul, et souverainement, le point capital, c'est-à-dire, l'octroi ou le refus de l'*in integrum restitutio* contre tel acte (L. 7, § 8, D., 4, 4, loi 24, § 1, loi 39, § 1, *eod*). Toutefois, selon les circonstances, on peut ramener à quatre les conditions auxquelles est subordonnée l'*in integrum restitutio.*

1° Le mineur doit être de bonne foi. A-t-il commis un dol, il a trompé, par exemple, le tiers sur son âge, il perd le bénéfice de la protection prétorienne.

2° Il doit agir dans l'année utile qui suit la cessation de la curatelle.

3° L'*in integrum restitutio* étant un recours subsidiaire, le mineur ne peut la solliciter qu'autant qu'il est dépourvu de toute autre action le protégeant. A-t-il fait une mancipation irrégulière, il n'a pu aliéner, il agira par l'action en revendication.

4° Enfin et surtout, l'acte doit être lésif. Cette dernière condition est la plus importante.

Qu'est-ce qu'une lésion ? Quand y aura-t-il lésion ?

On entend, ici, par lésion, un dommage résultant immédiatement de l'acte, et pouvant être attribué à l'inexpérience de l'enfant. Ce dommage résulte-t-il des circonstances, du hasard, il n'y a pas lésion, au sens juridique du mot. Le mineur achète une maison pour un prix normal, et la maison périt par cas fortuit, les risques sont à sa charge. Il est tenu de payer le prix, et cependant il est en perte. L'*in integrum restitutio* ne lui sera pas accordée, car le préjudice ne résulte pas directement de l'acte. Dans l'espèce, l'enfant ne souffre pas de sa minorité, il souffre des circonstance, et cela suffit pour que toute protection lui soit refusée.

Le décret d'*in integrum restitutio* a été rendu. Quels en seront les suites ? il y a lieu de distinguer selon que les actes passés par le mineur ont été ou non suivis d'exécution, lors de la délivrance du décret d'*in integrum restitutio*.

1° Ils n'ont pas été suivis d'exécution.

Le mineur, par exemple, a vendu une chose, et il ne l'a pas encore livrée, quand il obtient l'*in integrum restitutio*. En pareil cas, le magistrat, fera respecter le décret par lui rendu en s'opposant à toute poursuite, *denegatur actio*.

2° Ils ont été suivis d'exécution.

Le mineur a vendu une chose, et il l'a livrée. Il était créancier, il a fait acceptilation à son débiteur, ou il a fait avec lui une novation malencontreuse, ou tout autre acte analogue : Le magistrat délivrera au mineur *restitutus* l'action qui sanctionnait primitivement son droit de propriété ou de créance, action en revendication, *condictio*, en insérant dans la formule une fiction appropriée au cas particulier, par exemple, pour le cas où le mineur a fait acceptilation, « *si acceptilatum non esset, tum si*, etc., *condemna* ». L'action ainsi transformée, était dite *rescissoria* (loi 27, § 2, 3, D., 4, 4, loi 13, § 1, *eod*). Nous supposons, bien entendu, que le tiers conteste la validité du droit du mineur, dans son état primitif. Admet-il, en effet, la validité de ce droit, il doit, sur l'ordre du magistrat, soit rétablir l'ancienne obligation, soit retransférer la propriété, par mancipation ou autre moyen semblable.

5° *Capitis deminutio.*

L'état du citoyen romain se compose de trois éléments principaux : 1° la liberté; 2° la cité; 3° l'agnation. Or des événements peuvent se produire qui privent le citoyen romain de l'un de ces éléments, seulement, ou de quelques-uns, ou même de tous. Les événements qui privent le citoyen romain d'un seul de ces trois éléments, l'agnation, sont : la *manus*, l'adrogation, la légitimation, l'adoption et l'émancipation (Inst., § 3, 1, 16). Privent de la cité et en même temps de l'agnation l'interdiction de l'eau et du feu, et sous Justinien, la déportation.

Enfin, parmi les causes qui font perdre la liberté, et par suite, la cité et l'agnation, figurent sous Justinien la condamnation à une peine emportant la *servitus pœnæ*, la révocation de l'affranchissement pour ingratitude, le fait de s'être laissé vendre comme esclave pour partager le prix. (Inst. § 1, I, 16).

Quels que soient les événements que nous venons d'énumérer, que ce soit le fait le plus simple, en apparence, l'émancipation, par exemple, ou le fait le plus grave, la condamnation à une peine emportant la *servitus pœnæ*, le citoyen romain qui subit cet événement encourt une *capitis deminutio*, c'est-à-dire, une mort civile, et les effets qui en résultent sont considérables. Entre autres effets, nous relevons la libération des dettes du *capite minutus*, excepté toutefois de celles résultant de délits ou de quasi-délits, loi 2 § 3, D. 4, 5. Les Romains, en effet, considèrent que les dettes contractuelles sont attachées moins à la personnalité physique qu'à la personnalité juridique. Or, celle-ci disparaît. L'émancipation, pour ne retenir que cet exemple, fait sortir le *capite minutus* de sa famille. Il faut feindre qu'il est mort pour elle ; sa personne juridique a disparu pour faire place à une nouvelle personnalité, laquelle demeure complètement étrangère aux obligations qui affectaient la première. L'agnat et non l'homme était débiteur. Or l'agnat a disparu.

Dès lors, il n'y a plus de créancier, il n'y a plus de débiteur.

Ce résultat blessait trop ouvertement l'équité pour ne pas appeler une réforme. Le magistrat vint au secours des créanciers injustement spoliés. La *capitis deminutio* était-elle *minima* il leur accorda le bénéfice de l'*in integrum restitutio*. Désormais, ils purent agir contre leur débiteur, grâce à la fiction qui faisait considérer la *capitis deminutio* comme nulle et non avenue. L'action intentée, était ainsi conçue : « si Titius (c'est le débiteur) *deminutus non esset, tum si paret eum A. A. dare oportere*, etc. (Gaius, 84, III C.). La *capitis deminutio* était-elle *maxima* ou *media*, d'autres moyens de protection furent accordés aux créanciers ; ils furent autorisés à agir par voie d'action utile, soit contre le fisc, soit contre la personne qui avait recueilli les biens du *capite minutus* (L. 2 pr., loi 7 § 2, D. *de cap. min.*)

6° *Absence* et autres causes de *restitution*.

Il peut arriver qu'une personne, titulaire d'un droit réel ou de créance, vienne à en être privée par une circonstance indépendante de sa volonté. Les hypothèses dans lesquelles ce fait peut se produire sont nombreuses. Le propriétaire d'un fonds a dû s'absenter pour une cause légitime, *rei publicæ causâ*, par exemple, et, pendant son absence, un tiers a usucapé son immeuble. Un légataire a été gratifié sous la condition qu'il résiderait en Italie, à l'époque du décès du testateur. ou le legs lui a été fait *in singulos annos*, et, obligé de s'absenter, *rei publicæ causa*, il n'a pu remplir la condition prescrite. Un propriétaire d'un bâtiment qui menaçait ruine, retenu au loin par son service militaire, n'a pu fournir en temps utile, à son voisin, la *cautio damni infecti*. La *missio in possessionem* a été ordonnée; l'usucapion s'est accomplie. Il est constant que l'envoi en possession n'aurait pas eu lieu si le propriétaire avait été présent. Ou bien c'est un propriétaire qui par l'effet de l'absence du tiers possesseur de son immeuble, s'est trouvé dans l'impossibilité d'agir, en temps utile, contre ce dernier; il a été dépouillé de son droit

De pareils résultats sont manifestement contraires à l'équité. Aussi, le magistrat vient-il au secours des divers intéressés, en leur accordant le bénéfice de la *restitutio in integrum* (Lois 1, 41, 43, 15 § 2, D. 4. 6).

Les effets produits par le décret de restitution du magistrat sont simples : ou la question de restitution est seule en cause, ou, à côté d'elle, et ce sera le cas le plus fréquent, les droits du *restitutus in integrum* sont contestés en eux-mêmes, dans leur état primitif. Celui qui a usucapé, par exemple, pendant l'absence, *rei publicæ causa,* du demandeur, tout en reconnaissant fondées les causes qui ont motivé le décret d'*in integrum restitutio,* nie le droit de propriété du revendiquant. Dans le premier cas, le magistrat donne à l'affaire une solution définitif loi 2, D. 4, 6. Dans le second cas, il délivre une action *in rem* avec la fiction de non accomplissement d'usucapion. C'est l'action rescisoire de l'usucapion.

II. — « Cognitio extraordinaria » dans son sens étroit.

Stricto sensu, le mot *cognitio extraordinaria* désigne les cas dans lesquels le magistrat suit le procès lui-même, du commencement jusqu'à la fin et le termine par une sentence, comme aurait pu le faire un juge privé. Il puise ce droit dans le *jus judicari jubendi.* Il a le droit de déléguer la puissance de juger, à plus forte raison, peut-il retenir l'affaire et lui donner une solution définitive.

Nous avons déjà dit que, dans certains cas déterminés, le magistrat tranche lui-même la contestation. Quels sont ces cas, et pour quels motifs, la *persecutio* est-elle *extra ordinem.*

a. Enumération des cas dans lesquels il y a lieu à la *cognitio, extra ordinem*. On peut en citer dix.

1° *Contestations en matière d'aliments.* — Les descendants doivent des aliments à leurs ascendants et réciproquement. La même obligation est imposée aux affranchis vis-à-vis de leurs patrons, (loi 5, pr., D. 25, 3). Des difficultés surgissent, à ce sujet, entre celui qui doit la pension alimentaire et celui qui la réclame ; le magistrat se charge de les trancher.

2° *Contestations en matières d'honoraires.* Certains services sont considérés comme ne pouvant faire l'objet d'une *locatio operis* ou *operarum*, ni d'aucun contrat : services des précepteurs, des professeurs d'arts libéraux, médecins, sages-femmes, avocats, nourrices, (loi 1, pr. § 1-14, D. 50, 13). Les services que rendent ces personnes ne pouvant faire l'objet d'une *locatio conductio*, l'action *locati* est refusée. Mais, comme elles ne les rendent pas d'une façon désintéressée, il est nécessaire de venir à leur secours en leur donnant une action. Le magistrat se chargera de faire payer les honoraires convenus. Toutefois, il existe deux personnes qui ne pourront recourir à cette *persecutio* : ce sont les maîtres de philosophie, et les professeurs de droit. (loi 1, § 5, *eod.*).

3° *Contestations en matière de fidéi commis*, avec les questions de manumission, d'émancipation et autres qui peuvent s'y rattacher, (loi 5, pr. D. 40, 1, G. C. II, § 278).

Les affaires concernant les fidéicommis présentent une particularité. La connaissance des difficultés qu'elles soulèvent appartient, au moins à Rome, non pas au magistrat ordinaire *juridicundo*, mais aux Consuls et à un ou deux préteurs spéciaux.

4° *Contestations entre propriétaires et locataires* au sujet d'un déménagement, (loi 1 § 2, D. 43, 32).

5° Les *plaintes des enfants* contre leurs parents, des esclaves contre leurs maitres, en cas de mauvais traitements. (G. 1, 53, loi 2, D. 1, 6).

6° *Contestations en matière de tutelle.* Des difficultés peuvent surgir, relativement à la détermination des conditions dans lesquelles devra se faire l'éducation du pupille, l'appréciation des excuses présentées par les tuteurs, loi 1, pr., D. 27, 2.

7° *Contestations en matière de funérailles.*

8° *L'inspectio et custodia ventris* (loi 1, § 1, 3, 10, D. 25, 4).

9° Les actions contre les *Publicani*.

10° Les *cas d'appel* de difficultés relatives à l'interprétation des jugements ou à leur exécution.

b. Motifs pour lesquels le magistrat, dans tous les cas ci-dessus énumérés, retient-il l'affaire et la juge-t-il ? On peut en donner trois.

1° Souvent l'affaire qui est portée devant le magistrat est de telle nature qu'elle ne pourrait donner lieu à un procès ordinaire, le demandeur n'ayant pas de droit bien caractérisé contre son adversaire.

2° Dans plusieurs cas, l'affaire requiert célérité. Il en est ainsi, notamment, en matière de funérailles. Une question se présente, demandant une prompte solution : qui conduira les obsèques ? il en est de même encore, en cas de déménagement.

3° Enfin, les questions que nous avons vu donner lieu à la *Cognitio extra ordinem* sont souvent délicates ; leur solution demande des connaissances spéciales, de la prudence, de la sagesse, du tact.

Tels sont les cas certains dans lesquels le magistrat est appelé à remplir les fonctions de juge. En existe-t-il d'autres ? Le magistrat est-il libre de retenir l'affaire, à son gré, ou de la renvoyer devant un juge ? C'est là, nous le savons déjà, une question obscure, controversée. A notre avis, le pouvoir du magistrat doit être absolu. Le système formulaire, vers le IIIe siècle, il faut le reconnaître, a fait son temps. La distinction du *jus* et du *judicium*, jadis si en honneur, est devenue indifférente à tous. Le patriotisme s'est beaucoup affaibli. Les citoyens romains, autrefois si jaloux de leurs droits politiques, si soucieux de participer au gouvernement de la cité, abdiquent leurs privilèges entre les mains de l'Empereur et de ses lieutenants. D'un autre côté, les affaires ont pris un développement considérable ; les fonctions du juge, simples, à l'origine, sont désormais compliquées, exigeant des connaissances juridiques qu'un simple particulier peut difficilement acquérir. L'étude du droit n'est plus aussi répandue. Délaissée par la masse des citoyens, elle est le privilège de jurisconsultes officiels. Aussi ne doit-on pas s'étonner si les fonctions judiciaires, autrefois recherchées, sont maintenant considérées comme un impôt et une charge dont chacun cherche à s'affranchir.

La vieille institution de la distinction du *jus* et du *judicium*, quoique condamnée, en fait, bien avant la disposition de Dioclétien, ne fut pas renversée tout d'un coup ; ce n'est que graduellement qu'on la bat en brèche, et qu'on arrive à la détruire, tant est grand, chez les Romains, le respect des traditions. Ils semblent hésiter longtemps, avant de faire disparaître les lois surannées ; ils préfèrent chercher le moyen de les tourner, d'en éviter indirectement les conséquences, plutôt que de les supprimer entièrement. La procédure *extra ordinem* qui était apparue, au début, comme une anomalie, a vu son domaine s'élargir rapidement, et quand Dioclétien rendit sa fameuse Constitution, l'an 294, consacrant son triomphe d'une manière définitive, la réforme était depuis longtemps déjà écrite dans les faits, avant d'être reconnue par la loi.

CHAPITRE II

FONCTIONNEMENT DE LA « COGNITIO EXTRAORDINARIA »

Connaitre une procédure, quelle qu'elle soit, c'est connaitre :

1° L'organisation des autorités judiciaires chargées d'appliquer cette procédure ;

2° La compétence de ces autorités ;

3° La marche à suivre pour engager les procès, les suivre, les terminer ;

4° Les voies de recours contre les sentences rendues ;

5° Les voies d'exécution des jugements de condamnation.

Reprenons chacune de ces parties, et recherchons les solutions qu'elles comportent sous la procédure extraordinaire.

SECTION I. — *Organisation des autorités judiciaires.*

A Rome, nous l'avons déjà observé, la puissance

d'administrer et la puissance de juger sont confondus; un même fonctionnaire les possède l'un et l'autre. En conséquence, tout changement apporté dans l'administration générale de l'empire romain a nécessairement son contre-coup dans l'organisation judiciaire. Or, nous voyons que, sous Constantin, l'empire fut divisé en quatre préfectures, Orient, Illyrie, Italie, Gaule. Chaque préfecture fut divisée en diocèses, et chaque diocèse en provinces. Rome et Constantinople restèrent en dehors de ces deux dernières divisions.

A la tête de chaque préfecture, nous voyons un ou plusieurs préfets du prétoire. A l'époque des Antonins, il n'y en a qu'un seul. Mais sous Néron, il y en a deux, et trois sous Commode.

A la tête de chaque diocèse est un *vicarius*. Un gouverneur, *rector provinciæ*, administre la province. Cette expression de *rector* s'applique à tous les gouverneurs, elle est générique. D'une manière plus spéciale, les gouverneurs prennent le titre de *proconsul*, de *consularis*, *corrector* ou *præses*.

Ces divers fonctionnaires étaient nommés par l'Empereur. On sait que, sous Auguste, les provinces avaient été divisées en deux classes : on distinguait les provinces du peuple, et les provinces impériales, les premières administrées par des fonctionnaires nommés par le Sénat, et appelés Proconsuls, les secondes par des *legati* élus par l'Empereur et auxquels s'appliquaient particulièrement les qualifications de *corrector* et de *præses* (loi 20. D. 1, 18).

A Rome et à Constantinople, le magistrat principal est le *préfectus urbis;* à côté de lui est le préteur dont l'autorité tend de plus en plus à diminuer.

Ces divers fonctionnaires sont tous juges, mais à des degrés divers. Les uns sont juges ordinaires, les autres juges supérieurs ou juges d'appel.

I. — Juges ordinaires.

A Rome et à Constantinople, c'est le *prefectus urbis* et le préteur. Dans les provinces, c'est le gouverneur.

Au dessous des juges ordinaires, nous voyons les *defensores civitatis* et les *judices pedanei*.

A. *Defensor civitatis.* — Le *defensor civitatis* est un personnage qui a pour mission principale de défendre les plébéiens contre les abus de pouvoirs des fonctionnaires impériaux.

Les attributions des *defensores civitatis* et leur mode de recrutement ont varié suivant les temps. On peut, à ce double point de vue, distinguer deux périodes, la première de l'an 364 à Justinien, et la seconde postérieure à cet Empereur.

Ire *Période*, de l'an 364 à l'an 535.

L'institution du *defensor civitatis* résulte d'une constitution des empereurs Valentinien et Valens, adressée, l'an 364, à Probus, alors préfet du prétoire, et ainsi conçue : « Par des raisons d'utilité, nous ordonnons que toute la plèbe du diocèse d'Illyrie soit défendue par des patrons contre les injustices des puissants ». (Code Théod. (Ed. Hœnel), 1, 29, loi 1, *ad probum*). Cette constitution a été retrouvée par Baudi di Vesme en 1836 (V. *Revue Historique*, 1889, du *defensor civitatis*, par M. Chenon).

Modes de recrutement. Au début, le *defensor civitatis* était nommé par le Préfet du prétoire, et choisi de préférence, à partir de l'an 368, ainsi qu'il résulte d'une lettre adressée à *Probus*, devenu préfet d'Illyrie, parmi les anciens gouverneurs de Province que l'Empereur expédiait de temps à autre aux préfets du prétoire, et qui étaient chargés de diriger leur *officium* en qualité de *principes*.

A partir de l'an 387, en vertu d'une constitution des empereurs Valentinien, Théodose et Arcanius, adressée au Préfet du prétoire d'Italie, la nomination du *defensor civitatis* fut confiée à la *civitas*. (Code Théod. I. 29, loi 6). Mais quel est le sens exact de ce mot *civitas*. Il y a doute sur ce point. Doit-on traduire par *curie* ? Il est, sans doute, plus exact de dire que cette expression vise l'ensemble des citoyens. Telle est, du reste, l'interprétation donnée par le Bréviaire d'Alaric (I, 10, loi 1. Ed. Hænel).

L'an 409, ce mode de recrutement fut, de nouveau changé, le *defensor* est élu au suffrage restreint par une assemblée composée d'évêques, de membres du clergé, magistrats, propriétaires fonciers, *curiales*. L'élection devait être confirmée par le préfet du prétoire (Code Just. I, 55, loi 8 pr.). L'an 458, l'Empereur Majorien revient aux usages primitifs, le soin de nommer le *defensor* fut confié aux plébéiens, l'Empereur confirmait l'élection.

Attributions. Les attributions du *defensor civitatis* n'avaient pas été nettement définies par la constitution de 364. Elle disait seulement que « les patrons des plébéiens devaient les défendre contre les injustices des puissants ». L'année suivante, en 365, à la demande d'un *defensor*, nommé Sénèque, les attributions du *defensor* furent précisées; une certaine juridiction leur fut conférée, mais limitée aux *minores causæ* : telles que les actions 1° en paiement de sommes modiques (le taux est indiqué au Code de Justinien, 50 (solides); 2° en remboursement de taxes indûment payées, etc., (Code Théod. I, 29, loi 2). Quelques années après, l'an 385, une constitution générale définissait de nouveau les devoirs du *defensor* : il devait protéger les plébéiens comme ses enfants, les défendre contre les excès de pouvoirs des gouverneurs, veiller à ce que les contribuables ne fussent pas trop imposés ou irrégulièrement imposés, et, dans ce but, ils avaient un libre accès auprès du gouverneur (Code de Just. I. 55, loi 4, 11. *Ingrediendi, cum voles, ad judicem liberam habeas facultatem.*

Cette institution du *defensor*, au début, fut à peu près inefficace. Les *defensores*, jusqu'à l'an 387, étaient nommés par le préfet du prétoire, et choisis parmi les anciens gouverneurs de province. Quelle protection les plébéiens pouvaient-ils attendre de personnages qu'ils n'avaient pas nommés, d'anciens fonctionnaires qui, dans l'administration de leurs provinces, avaient commis les abus de pouvoirs qu'ils devaient aujourd'hui combattre. A partir de l'an 387, le *defensor* fut nommé par la *civitas*; il fut désormais indépendant du gouverneur de la province. Ses attributions restèrent les mêmes; protéger les faibles contre les puissants. L'an 392, elles furent augmentées; le *defensor* devint un véritable commissaire de police, l'auxiliaire du gouverneur de la province. (Code Théod. I, 29, loi 8).

2e *période*, sous Justinien.

Sous Justinien, l'institution du *defensor civitatis* était en pleine décadence. Loin de protéger les faibles contre les fonctionnaires impériaux, le *defensor* était devenu le jouet du gouverneur. Déjà, depuis l'an 505, le mode de recrutement avait été changé, le *defensor* n'était plus nommé par la plèbe, la constitution d'Anastase avait rétabli l'élection par le suffrage restreint, telle qu'elle avait fonctionné de l'an 409 à l'an 458 (Code Just. I, 4, loi 19). La fonction était attribuée à des hommes obscurs sans fortune, élus plutôt par charité que par un choix motivé. En beaucoup d'endroits, ils étaient rétribués par le fisc, perdant ainsi toute indépendance vis-à-vis des fonctionnaires impériaux qui les révoquaient quand il leur plaisait et les remplaçaient par des individus à leur dévotion.

Justinien, dans deux novelles, 8 et 15, l'an 535, réorganisa l'institution. Les *possessores* de la *civitas*, l'évêque, les membres du clergé, dressaient une liste de personnes appelées, à tour de rôle, à remplir les fonctions de *defensor*. La durée du mandat fixée antérieurement à 5 ans, était réduite à 2 ans. Quant aux attributions, elles furent profondément modifiées, le *defensor* cessa de représenter les faibles devant les fonctionnaires impériaux, la Novelle 15 était muette sur ce point. En matière civile, il put juger les affaires ne dépassant pas 300 sous d'or ; mais Justinien en faisait surtout le lieutenant du *praeses provinciæ* ; il est utile, dit l'Empereur, que le *defensor* prenne dans la cité le rôle du gouverneur dans la province. La *civitas* était ainsi une subdivision de la province, gouvernée par le *defensor*, véritable *judex civitatis* placé dans la dépendance du *judex provinciæ*.

B. *Pedanei judices*. La constitution de Dioclétien, prévoyant que les magistrats pourraient être surchargés, autorisait ceux-ci à renvoyer les affaires dont ils ne pourraient pas connaître eux-mêmes à des juges inférieurs appelés *judices pedanei*. Qu'était-ce que ces *judices pedanei* ? On ne sait trop. On n'est pas d'accord ni sur l'étymologie du mot *pedaneus*, ni sur l'origine de ces *judices*. Etaient-ce des citoyens jurés? Etaient-ce des magistrats ? Autant de questions sur lesquelles la lumière est loin d'être faite.

a. Etymologie du mot *pedaneus*. D'où vient cette expression? il n'est pas aisé de le dire. Plusieurs explications ont été proposées.

1re *explication*. Ce titre de *pedaneus* a été donné aux juges, parce que, dit-on, ils rendaient la justice debout. Cette explication est peu sérieuse.

2e *explication*. Les juges recevaient cette appellation, parce qu'ils étaient assis aux pieds du magistrat. Cette opinion ne se fonde sur aucun texte.

3e *explication*. Le mot *pedaneus* viendrait de *pedarius*, servant à désigner les sénateurs qui n'avaient encore rempli aucune magistrature. Quand l'un de ces sénateurs était chargé de la mission de juger, il devenait le *judex pedaneus*. Dans la suite, ce titre de *pedaneus* fut donné à tout juge, qu'il fût ou non un simple particulier, et cela dans de le but le distinguer du magistrat souvent appelé *judex*.

b. Origine des *judices pedanei*. Leur rôle, leurs attributions.

D'après Bethmann, les *judices pedanei* seraient, non plus les anciens jurés, les listes des jurés étaient tombées en désuétude, mais des avocats constitués en collèges, et immatriculés auprès de chaque magistrat. A l'appui de son opinion, il invoque la loi, (6, code, 2, 7.) M. Bonjean (Traité des actions, 1er vol.) pense que ce texte peut être interprété tout différemment.

M. Bonjean repousse ces diverses explications. D'après lui, les *judices pedanei* n'ont de commun avec les jurés de l'ancien droit que la nature des fonctions qu'ils remplissent ; ce sont des magistrats inférieurs, les magistrats municipaux, et les défenseurs des cités. Ils portent le nom de *pedanei*, parce qu'ils occupent dans la hiérarchie administrative, le rang le moins élevé ; ce sont des fonctionnaires, revêtus d'un caractère public. Le savant auteur fait remarquer avec raison, que si les *judices pedanei* étaient les anciens jurés, les écrits des jurisconsultes classiques ne manqueraient pas de les mentionner. Or, cette expression ne figure dans aucun des auteurs antérieurs à Dioclétien. Caius ne l'emploie pas. Elle est bien citée dans trois lois du jurisconsulte Ulpien, au Digeste, (loi 4, *de tut.* loi 3 § 1, *ne quis eum*, loi 1, § 6, de *postul*). Mais, ici, une interpolation de Tribonien est évidente. Si les textes avaient été écrits, tels qu'ils ont été reproduits, on trouverait dans le *liber regularum* des traces de ces *judices pedanei* dont parlent les lois précitées, Or, en aucun endroit, il n'y est fait allusion. Ajoutons que l'on ne comprendrait pas que Dioclétien, après avoir aboli l'*ordo judiciorum*, eût laissé subsister une institution qu'il jugeait désormais inutile.

II. *Juges supérieurs*. Au premier dégré de la hiérarchie se trouve l'Empereur. Au-dessous, viennent le préfet du prétoire, puis le Vicarii. Régulièrement, les juges supérieurs ne connaissent que des appels. Exceptionnellement, pour des causes particulières, ils peuvent évoquer une affaire et la trancher eux-mêmes, (loi 2 Code, Th. 1, 22).

SECTION II. — *De la compétence des autorités judiciaires.*

Connaître la compétence judiciaire, c'est savoir devant quel tribunal le procès doit être porté.

La compétence est personnelle ou territoriale.

a. *Compétence personnelle*. Anciennement, sous les deux premiers systèmes de procédure, la compétence du magistrat se détermine d'après la règle bien connue *actor forum sequitur rei*, sans distinction entre les actions réelles et personnelles, et par *forum* on doit entendre non seulement le domicile du défendeur, mais encore la cité à laquelle celui-ci appartient. Le magistrat compétent est donc 1° le magistrat du domicile du défendeur ; 2° le magistrat de sa patrie, *origo*, lorsqu'elle est distincte de son domicile. Ajoutons que si le défendeur est citoyen romain, il peut, en outre, être poursuivi à Rome, bien que son domicile et son *origo* soient différents (loi 29 et 33, l 1. ad. Munic,). Sous le système de la procédure extraordinaire apparaît une distinction fort logique entre les actions personnelles et les actions réelles, quand celles-ci, toutefois, ont pour objet un immeuble. Désormais, quant l'action est réelle et immobilière, le tribunal compétent est aussi celui de la situation (loi 3, code, 3, 19 C°° de Valentinien, Théodose, et Arcadius, an 385). On comprend aisément que le juge de la situation est plus à même que tout autre de vérifier l'exactitude de la prétention du demandeur.

Compétence territoriale. Le magistrat ne peut exercer sa juridiction que dans les limites du territoire placé sous son autorité. Ainsi un gouverneur de province n'est compétent pour juger les procès que dans le ressort de la province qu'il administre. Hors de là, il n'est qu'un simple particulier. Nous donnerons la même solution pour le préfet du prétoire, il n'est compétent que dans son ressort. Seul, l'Empereur a la plénitude de juridiction, quel que soit le territoire où il veut l'exercer.

En principe, la compétence des magistrats est absolue ; la valeur du litige importe peu. Ce principe, toutefois, reçoit exception quand le magistrat, saisi de l'affaire, est un magistrat inférieur tel que le *defensor civitatis* ou le *judex pedaneus*. Sous Justinien la compétence de ces dernier magistrats fut définitivement fixée à 300 sous d'or (Nov. 15, cap. 3, § 2).

SECTION III. — *De la marche à suivre pour engager les procès, les suivre, et les terminer.*

Il y a lieu, dans cette troisième section, d'examiner trois points principaux :

1° Le moyen d'assurer la comparution des parties ;

2° L'instruction du procès ;

3° La solution qui sera donnée à l'affaire.

I. — *Moyens d'assurer la comparution des parties.*

En droit Romain, les modes d'introduction d'instance ont varié, suivant les temps. Le premier mode a été l'*in jus vocatio*. Le demandeur cite son adversaire *in jus*. Là, il introduit son action, il fait connaitre au défendeur sa prétention. Celui-ci a-t-il besoin d'un délai pour préparer sa défense, on renvoie, d'un commun accord, l'examen de l'affaire à une date ultérieure. Le défendeur prend l'engagement de se présenter au jour fixé. Une stipulation, appelée *vadimonium*, intervient à cet effet.

Cette façon d'introduire l'instance était défectueuse; elle entrainait, en effet, des lenteurs. On l'abandonna. Le demandeur prit l'habitude dans un acte appelé *litis denuntiatio* (obligatoire à partir de Marc-Aurèle), acte qui eut d'abord un caractère privé, mais, qui, dans la suite, sous Constantin (loi 2, Cod. Théo. *de Denun.*, 2, 4), fut rédigé par un officier public, de faire connaitre, à l'avance, au défendeur sa prétention et les moyens sur lesquels il l'appuyait. On fixait ensuite un jour pour la comparution. Grâce à ce nouveau procédé, on évitait les retards auxquels donnait lieu, autrefois, l'*in jus vocatio*, l'*actionis editio* et le *vadimonium*. Une seule comparution, désormais, suffisait pour lier l'instance.

Sous Justinien, la *litis denuntiatio*, comme mode d'introduction d'instance, a disparu. Cet Empereur a généralisé un usage auquel on avait recours autrefois, dans certains cas particuliers (Nov. 53, 95, 112). Nous faisons allusion à une requête, *libellus conventionis*, que le demandeur présente au juge, requête dans laquelle il expose sa demande, avec prière de faire comparaître le défendeur. Dans cette requête, le demandeur prend l'engagement de donner suite au procès, dans le délai de deux mois, autrement dit, de lier l'instance contradictoirement, et de la poursuivre jusqu'à sentence définitive, moyennant caution de réparer le dommage que pourrait occasionner le procès au défendeur, en cas d'insuccès (Nov. 53, pr., et cap. 1 et 2). La requête est examinée par le juge. Lui paraît-elle fondée, il rend une ordonnance de soit communiqué au défendeur (loi 1 § 3, Code, *de duob. reis stipul*). Un huissier, *executor litium*, met cette ordonnance à exécution en notifiant l'assignation au défendeur (loi 6, Code, *undeci*). Celui-ci donne un récépissé de la citation, et prend l'engagement, avec *satis datio*, de comparaître (*cautio in judicio sisti*), et de rester dans l'instance jusqu'à la sentence définitive (Nov. 53, pr. cap. 1). S'il ne peut fournir caution, il est confié à la garde de l'huissier jusqu'au jour de la comparution (loi 1, Code, *de sportul.*). Toutefois, quand le défendeur est propriétaire, ou a le titre d'*illustris*, on se contente d'une caution juratoire (Code, loi 4, § 1, *de sportul.*).

Le défendeur a pour comparaître un délai de 10 jours, avant Justinien, et sous cet Empereur, un délai de 20 jours (Nov. 53, cap. 3).

Le délai expiré, au jour fixé pour la comparution devant le juge, deux hypothèses peuvent se présenter : ou les parties comparaissent toutes deux, ou l'une d'elles fait défaut :

1° Les parties comparaissent. Cette hypothèse est simple.

2° L'une d'elles fait défaut. Or la partie défaillante peut être le défendeur ou le demandeur.

A. *Le défendeur fait défaut.* — Dans l'ancien *ordo judiciorum*, le demandeur peut facilement vaincre la résistance du défendeur. Il peut, en effet, au début, recourir à la force, quand le défendeur, toutefois, ne présente pas une caution appelée *vindex* qui se porte fort pour l'affaire. Dans la suite, des adoucissements sont apportés à cet usage quelque peu barbare. Les parties conviennent par stipulation spéciale dite *vadimonium* de se présenter, au jour donné, devant la justice. Le demandeur ne peut employer la force que si le défendeur fait défaut.

Quand l'emploi de la force est impossible, ce qui arrive au cas où l'adversaire se cache, le préteur accorde au demandeur le bénéfice de la *missio in possessionem*, avec droit de vendre les biens (G. III, § 78, loi 17, D. 2, 4).

Sous la procédure extraordinaire, les moyens légaux d'assurer la comparution du défendeur sont tout autres. Ces moyens diffèrent selon que l'huissier a pu ou non rencontrer le défendeur pour lui signifier la citation.

a. *Il a pu lui signifier la citation.* — Le défendeur ne comparait pas, malgré la promesse qu'il a faite *in judicio sisti*. Le demandeur peut, à son choix, soit recourir contre la caution (loi 2, § 5. D., *qui satis datio cogant*), soit *manu militari*, faire venir le défendeur devant le tribunal (Nov. 53, cap. 4, pr.). Quand l'emploi de la *manus militaris* est impossible, les choses se passent comme dans le cas où l'huissier n'a pu rencontrer le défendeur, hypothèse que nous allons maintenant examiner.

b. *L'huissier n'a pu signifier la citation.* — Le défendeur se cache. On a alors recours à la procédure contre les contumaces, procédure déjà usitée sous le système formulaire. Le juge, sur la demande du demandeur, rend trois édits, à dix jours d'intervalle, enjoignant au défendeur de comparaître. L'huissier est chargé de les lui notifier. Si au troisième appel de l'huissier le défendeur ne se présente pas, il est contumace et le procès peut être jugé en son absence. Aussi, dit-on du troisième édit qu'il est péremptoire, car *perimit disceptationem*, et *ultra non patitur adversarium tergiversari*. (Paul, *Sent. recept.*, V, 5 (A), § 7.)

Cette procédure est rigoureuse. Observons toutefois que le défendeur ne sera pas nécessairement condamné, il n'est plus, comme sous le système formulaire, réputé *pro damnato*. Le demandeur n'obtiendra un jugement de condamnation que s'il justifie sa demande. Enfin, l'envoi en possession, décrété seulement après le jugement de condamnation, est strictement limité, quand toutefois on est en présence d'un créancier unique, aux biens dont la valeur est jugée suffisante pour désintéresser le demandeur. (Code, loi 10, *de Bonor. auct. jud. poss.*).

Les effets produits par le jugement de condamnation sont, du reste, provisoires. Tant que la vente des biens n'est pas définitive, le défendeur peut faire tomber le jugement rendu contre lui, et remettre tout en question, en remboursant tous les frais faits par le demandeur et en offrant de donner caution. (Nov. 53, cap. 4, § 1).

Nous avons supposé que l'action intentée est personnelle. Est-elle réelle, elle présente une particularité que nous devons signaler. Le demandeur, quand l'adversaire ne comparait pas, a le droit de prendre deux partis : il peut ou continuer l'instance jusqu'au bout, en établissant la réalité de son droit, il obtient ainsi la possession définitive de l'objet en litige, ou se faire remettre de suite la chose litigieuse, après un examen sommaire de son droit. Loi 2, Code *ubi in rem actio.* Si une année s'écoule sans réclamation de la part du défendeur, la possession est acquise au demandeur, le contumace n'ayant plus d'autre ressource que de revendiquer comme demandeur. (Loi 7, § 17, 18, 19, D. *Quibus ex caus. in poss.*).

Le défendeur a comparu. On peut supposer qu'il se refuse à continuer l'instance. Quel est, en pareille hypothèse, le droit du demandeur? La procédure suivie est semblable à celle qu'on suit dans l'hypothèse précédente. Le juge rend trois édits à dix jours d'intervalle, enjoignant à l'adversaire de se défendre. Après le troisième édit, l'instance reprend son cours. Ajoutons, et c'est là la seule particularité que présente notre espèce, que le défendeur, une fois condamné, ne peut plus faire tomber le jugement, en offrant de donner caution, (Code, 13, § 3, *de judic.*).

B. *Le demandeur fait défaut.* — Le demandeur peut faire défaut de deux façons ; 1° il peut ne pas comparaître au jour fixé pour la comparution ; 2° il comparait, mais il ne reste pas dans l'instance, jusqu'à la sentence définitive.

1° Au jour fixé pour la comparution, le demandeur ne comparait pas.

En pareille hypothèse, le défendeur a le choix, sous Justinien toutefois, entre deux partis : il peut, après l'expiration d'un délai de dix jours, demander au juge de l'absoudre *ab instantia*. Cette solution présente un inconvénient, le demandeur est seulement déchu de la demande ; il peut la renouveler. Ou bien, il peut provoquer contre le demandeur défaillant la procédure de contumace. Nov. 112, cap. 3. Celui-ci est assigné, trois fois, à trente jours d'intervalle. Quand une année s'est écoulée, depuis la troisième assignation, l'instance est ouverte, et l'affaire jugée sur les preuves fournies par le défendeur. Puis, le jugement est rendu, et cette fois, le défendeur est absous *ab actione*. Avant Justinien, le demandeur qui ne comparaissait pas était déchu de sa demande, mais la question de savoir si le défendeur était absous de l'action ou de l'instance seulement n'était pas nettement résolue.

2° Le demandeur comparait, puis fait défaut, après que le défenseur a produit ses dépenses. En ce cas, comme pour l'hypothèse précédente, le défendeur peut toujours demander à être absous de l'instance. Quant à la procédure de contumace, elle n'est possible qu'aux approches de la péremption triennale. (Loi 13, § 3 et 5, Code, *de judic.*).

II. — *Instruction du procès.*

Sous le système formulaire, la procédure comprenait deux phases successives, la première, l'instance *in jure*, s'accomplissant devant le magistrat, la seconde, l'instance *in judicio*, s'accomplissant devant le juge choisi par les parties. L'instance *in jure* prenait fin au moment où le magistrat délivrait aux parties un écrit, *formula*, dans lequel il indiquait le point en litige et les règles à suivre par le juge pour la solution du procès. On disait alors qu'il y avait *litis contestatio* ; l'instance était liée ; on savait sur quoi et comment le juge devait statuer.

Sous la procédure nouvelle, cette distinction du *jus* et du *judicium* a disparu ; désormais l'instance est une. Cependant, on continue à parler encore de *litis contestatio*. Mais une question se présente : à quel moment de l'instance doit-on la placer, et quel intérêt peut présenter la détermination de ce momoment.

a. A quel moment place-t-on *la litis contestatio* ?

Justinien dit que le contrat judiciaire se forme par la *litis contestatio* et non par la citation. Toute la question est de savoir à quel moment de l'instance ce contrat peut être réputé formé ; ce doit être celui où les parties en viennent aux prises l'une en présentant sa demande, l'autre en opposant ses défenses. Ce sera là une question de fait. La *litis contestatio*, autrement dit, se placera au moment où le magistrat, le point litigieux une fois fixé, commencera à connaître du fond du litige, et à écouter les parties dans leurs moyens de preuve.

b. Intérêt de la *litis contestatio*.

La détermination de la *litis contestatio*, sous la procédure extraordinaire, présente trois intérêts :

1° Elle interrompt la prescription de l'action ;

2° Elle détermine le moment passé lequel certaines exceptions ne peuvent être invoquées.

3° Elle rend inaliénable la chose litigieuse.

1er *Intérêt*. La *litis contestatio* interrompt la prescription, elle rajeunit le droit du demandeur et sert de point de départ à une nouvelle préscription. Ici, quelques explications sont nécessaires,

Primitivement, les actions, au point de vue de leur durée, étaient, les unes, perpétuelles, les autres temporaires ; les premières pouvaient toujours être exercées, les secondes, au contraire, devaient être intentées, à peine de déchéance, dans un certain délai. Dans la première catégorie, on rangeait presque toutes les actions civiles, et certaines actions prétoriennes, celles qui imitaient le droit civil, telle que l'action publicienne ; les actions prétoriennes qui étaient plus sévères que le droit civil ou le combattaient, rentraient dans la seconde catégorie. Exemple, les actions pénales, etc.

La distinction des actions perpétuelles et temporaires avait besoin d'être combinée avec les règles relatives à la péremption d'instance. On sait, en effet, que, une fois l'action exercée, elle devait être, à peine de déchéance, jugée dans un délai déterminé qui variait selon que le *judicium* était *legitimum* ou *imperio magistratus continens*. Le *judicium* était-il *legitimum*, la loi *julia judiciaria* avait réduit à 18 mois la durée de l'instance. Ce délai expiré, non seulement la procédure était périmée, mais le droit lui-même, en vertu de l'effet extinctif de la *litis contestatio*, était perdu. Le *judicium* était-il *imperio magistratus continens*, il prenait fin avec les pouvoirs du magistrat qui l'avait introduit. (G. 4, § 105).

Qu'est devenue sous la procédure extraordinaire cette distinction des *judicia legitima* et des *judicia imperio magistratus continentia ?* Elle a sans doute disparu ; aucun texte n'y fait allusion.

Cette disparition devait avoir pour effet de rendre uniformes les règles de la péremption d'instance. Mais quelles furent ces règles, depuis Dioclétien jusqu'à la constitution de Théodose dont nous allons parler? Il n'est pas aisé de le dire, en l'absence de documents sur la matière. Ce que l'on sait, c'est que. l'an 424, Théodose, par la constitution célèbre qui fixait désormais à 30 ans la durée des actions perpétuelles, décidait qu'une instance serait éteinte lorsque, dans les 30 ans, à partir de la *litis contestatio*, elle n'aurait pas abouti à un jugement, (l. un. § 1, co. Théod., 4, 14). Ce qui revenait à dire que la *litis contestatio* interrompait la prescription. Justinien distingua entre la péremption de l'instance et la prescription de l'action, la première s'opérant par 3 ans, à partir de la *litis contestatic* (loi 13, § 1, Code 1, 13), la seconde par 40 ans à compter du dernier acte de procédure (loi 1, § 1, code 7, 40), disposition remarquable en ce qu'elle nous montre que, à la différence de ce qui se passait sous la procédure formulaire, la prescription de l'instance n'avait aucune influence sur le droit lui-même, la procédure seule était anéantie, l'action subsistait et pouvait être intentée une seconde fois. Cette dernière disposition était, du reste, la conséquence logique de la disparition de l'effet extinctif de la *litis contestatio*.

Deuxième intérêt. La *litis contestatio* détermine le moment passé lequel certaines exceptions ne peuvent plus être opposées, (l. 19, code, 4, 19.

Quelles sont ces exceptions? ce sont celles que l'on range dans la classe des exceptions dilatoires;

on les oppose aux exceptions péremptoires. A ce sujet, parlons des moyens de défense.

Moyens de défense. Sous le système de la procédure formulaire, les moyens de défense (defensiones) étaient de deux sortes : les défenses tirées du fond, et les exceptions. Dans cette procédure, l'exception était une restriction apportée par le magistrat au pouvoir de condamner que la formule conférait au juge. Cette expression tirait sans doute son nom de cette circonstance qu'elle constituait une dérogation au *strictum jus.* Grâce à l'exception, le juge n'était plus tenu de statuer, en s'inspirant exclusivement des règles du droit civil ; il pouvait prendre en considération certains faits dont l'examen lui aurait été interdit, si la formule, sur ce point n'avait pas étendu ses pouvoirs, et absoudre là où il aurait dû normalement condamner. Ainsi un débiteur avait contracté une obligation, sous l'empire de la violence. Le juge pouvait-il, de lui-même, rechercher si le consentement du défendeur était exempt de tout vice ? Non. En droit civil, la violence n'empêchait pas le consentement d'être valable. Seul le préteur, au moyen d'une addition dans la formule, pouvait l'autoriser à s'écarter des règles ordinaires du droit.

Sous la procédure extraordinaire, cette distinction des moyens de défense en défenses ordinaires et en exceptions n'avait aucune raison d'être. Il n'y a plus de formule ; le magistrat juge le fond ; il n'est pas obligé, comme le *judex* de l'époque classique, de se conformer aux principes du droit civil ; il peut, en vertu de sa juridiction, prendre en considération, soit pour condamner, soit pour absoudre, aussi bien les motifs qui ont une origine prétorienne, que ceux qui reposent sur le droit civil, et, cependant, Justinien reproduit cette division des moyens de défense, reproduction singulière, qui dénote une absence complète de discernement chez les jurisconsultes aux ordres de l'Empereur. La vérité est que, désormais, les exceptions ne se distinguent plus des moyens de défense ordinaires, leur nature est commune, et voici la conséquence pratique de cette unité dans la nature des moyens de défense, c'est qu'ils peuvent tous, désormais, être invoqués jusqu'à la sentence, et même en appel. Toutefois, cette règle nouvelle ne doit pas être admise sans une certaine réserve. Il existe certaines exceptions qui doivent, comme autrefois, être opposées avant la *litis contestatio*, telles sont les exceptions dites dilatoires. Ces exceptions, à la différence des exceptions péremptoires, n'ont pas pour but de faire échouer la demande, le défendeur qui les invoque ne dit pas au demandeur : « votre demande ne doit recevoir aucune sanction » il invoque certaines circonstances qui ont pour but ou pour résultat de retarder la solution du procès.

Les exceptions dilatoires sont de deux sortes : les unes sont dilatoires *ex tempore*, les autres *ex persona*.

Les premières, comme le terme même l'indique, ne peuvent être invoquées que pendant un certain temps ; elles font obstacle à l'instruction du procès ; mais seulement pendant la durée d'un délai déterminé. Ainsi, le débiteur jouit d'un terme pour acquitter son obligation. Est-il poursuivi avant l'expiration de ce terme, il doit, sous peine de déchéance, invoquer l'exception dilatoire avant la *litis contestatio*.

Les secondes peuvent être invoquées, tant que la cause qui les fait naître subsiste. Telle est l'exception dite *procuratoria*. Certaines personnes, pour des motifs d'intérêt ou d'ordre public, sont incapables de figurer en justice, à titre de représentants ; les militaires, les femmes, les personnes notées d'infamie. Le défendeur doit les invoquer avant la *litis contestatio*.

Troisième intérêt. A partir de la *litis contestatio*, la chose litigieuse ne peut plus être aliénée par le défendeur ; l'action même ne peut plus être cédée, soit à titre gratuit, soit à titre onéreux, et voici la sanction de cette prohibition. L'acquéreur est-il de mauvaise foi, le prix ou la valeur de la chose doit être payé deux fois au fisc, une fois par lui-même, une fois par l'aliénateur. L'acquéreur est-il, au contraire, de bonne foi, il peut répéter son prix, en cas de vente, et, en outre le tiers de ce prix; en cas de donation, il a droit au tiers de la valeur.

Ainsi l'aliénation est nulle. On excepte, toutefois, les aliénations pour cause de dot, de donation *propter nuptias*, de transaction, de partage, ou de disposition de dernière volonté, (loi dernière, C. 8. 37).

La *litis contestatio*, sous la procédure extraordinaire, est loin de présenter l'importance qu'elle avait sous le système formulaire. Sous cette procédure, la *litis contestatio* produisait des effets que l'on peut, dans une certaine mesure, rapprocher de ceux de la novation, 180 G. C[e] 3. Avant la *litis contestatio*, cet acte par lequel, *in jure*, les deux plaideurs déclaraient accepter la formule judiciaire, le défendeur était tenu en vertu de son contrat primitif, après la *litis contestatio*, il se trouvait tenu en vertu du contrat judiciaire. On disait : *ante litem contestatam debitorem dare oportere; post litem contestatam condemnari oportere* sous la condition que le demandeur justifierait du bien fondé de sa demande; *post condemnationem judicatum solvi*.

Ainsi, le droit litigieux du demandeur subissait une double transformation, une double métamorphose. Le droit litigieux était éteint. En conséquence, si le demandeur était mécontent du jugement, il avait été, par exemple, débouté, il ne pouvait plus faire valoir en justice son action, en faire l'objet d'une deuxième instance, il l'avait consommée, il ne pouvait plus la renouveler. Dans notre législation, quand il y a eu chose jugée définitivement, la partie qui n'est pas satisfaite du jugement ne peut essayer de saisir le tribunal, le même ou un nouveau pour remettre en question ce qui a été jugé, elle serait repoussée par l'exception de la chose jugée. Eh bien, dans le vieux droit Romain, c'était à une époque plus rapprochée, dès l'ouverture des débats, que se produisait cet obstacle à la réitération d'un procès, ce n'était pas au jugement, comme aujourd'hui, c'est-à-dire, à la fin du procès, c'était au début du procès, au moment où la *res litigiosa* se trouvait être *deducta*, versée dans une instance. Pourquoi cette hâte excessive, il semble, à frapper d'extinction le droit litigieux ?

Primitivement, à l'époque des guerres privées, les hommes se rendaient justice par eux-mêmes. De là un trouble profond dans la société. Dans l'intérêt du repos public, on avait voulu faire disparaître cette cause de trouble, et, dans ce but, on ne s'était pas contenté de mettre fin aux guerres privées, on avait décidé qu'une nouvelle instance en justice serait impossible. *Bis de eadem re non sit actio*, disait la loi des XII Tables, *actio* et non pas *sententia*, et voici les conséquences graves, rigoureuses, peu équitables, mais explicables cependant, étant donnée la raison de tranquillité sociale que cette règle entrainait :

1° Le procès avait été engagé, il y avait eu *litis contestatio*, et le demandeur n'avait pas poursuivi, il avait laissé passer un certain délai. La formule était périmée, frappée de déchéance. Le délai était de dix-huit mois, depuis la délivrance de la formule, au maximum, quelquefois le délai était de moins de dix-huit mois. A l'expiration de ce délai, le demandeur n'avait plus le droit d'utiliser la formule. Du même coup, il avait perdu le droit d'obtenir, de *eadem re*, une deuxième formule. Car, la première fois, il avait déduit son droit en sollicitant une formule. *Rem in judicium deduxerat*, il ne pouvait plus renouveler sa demande. Peut-être avait-il mille fois raison ; il aurait obtenu une condamnation s'il avait poursuivi l'instance. Il avait eu tort de trainer les choses en longueur ; il importait que la lutte fût courte.

2° Il avait été diligent, mais il avait été imprudent, il avait trop demandé, 100, par exemple, alors qu'il n'était créancier que pour 99, il avait commis une *plus petitio re* ; ou bien il avait agi la veille du terme, *plus petebat tempore*; ou encore *plus petebat loco, causâ*. Le *judex* avait dû le débouter et absoudre le défendeur Impossible pour le demandeur de réitérer son action, en évitant cette fois de commettre une *plus petitio*, il ne pouvait agir.

Cette consommation de son droit se produisait-elle toujours de la même façon? Non, l'extinction du droit déduit en justice se produisait tantôt *ipso jure*, tantôt *exceptionis ope*, sous l'empire des *legis actiones*, l'extinction du droit se produisait *ipso jure*. A cette époque, il n'y avait d'autre règle de conduite que l'*ipsum jus*, la loi civile; les exceptions, comme moyen de défense, n'existaient pas encore.

La procédure formulaire est introduite. A côté de l'*ipsum jus*, on avait vu surgir le droit prétorien (G. C. IV. 104 à 108). Les instances se divisèrent alors en deux classes : les *judicia* furent les uns, *legitima*, les autres *imperio magistratus continentia*. Cette distinction présentait de l'intérêt au point de vue de la péremption de l'instance. Le *judicium* était-il *legitimum*, l'instance se périmait par dix-huit mois; ce délai expiré, le demandeur perdait son droit. Le *judicium* était-il, au contraire, *magistratus imperio continens*, la formule se périmait par l'expiration des fonctions du magistrat qui l'avait délivrée. Quand la fonction du magistrat était annuelle, il fallait se hâter. Quand un président de province était en tournée, les plaideurs s'empressaient de demander la délivrance de la formule, car ils étaient exposés à la voir expirer aussitôt la tournée terminée.

Trois conditions étaient nécessaires pour que la *litis contestatio* opérât *ipse jure* : 1° l'action devait être *in personam*, 2° *in jus concepta* ; 3° le *judicium* devait être *legitimum*. Or, il n'avait ce caractère, qu'autant que le procès avait lieu à Rome, ou dans un rayon d'un mille autour de Rome, entre citoyens romains, et devant un *unus judex*. (G. IV, § 104). Quand l'une des conditions précédentes manquait, c'est-à-dire quand l'action était réelle, la formule *in factum*, et le *judicium imperio continens*, alors on était sur le terrain des exceptions ; *ipse jure*, la demande pouvait être renouvelée, mais elle échouait devant l'invocation d'une exception. (181, G. III).

Voilà pour le côté extinctif, destructeur de la *litis contestatio*. Voyons maintenant l'effet créateur : le droit du demandeur se trouvait rajeuni, renouvelé. L'action intentée était-elle temporaire, intransmissible, la *litis contestatio* la rendait perpétuelle, transmissible aux héritiers : *Omnes actiones quæ morte vel tempore pereunt, semel inclusæ judicio salvæ permanent*.

Sous la procédure extraordinaire (nous nous plaçons sous Justinien) la *litis contesatio* a perdu son effet extinctif au point de vue du droit déduit en justice ; le droit préexistant en vertu duquel le demandeur agissait n'est plus absorbé par le contrat judiciaire, et parallèlement, la *litis contestatio* ne produit plus d'effet positif.

A. La *litis contestatio*, disons-nous, ne produit plus d'effet extinctif. Voici les conséquences importantes que cette règle nouvelle entraine :

1° Une dette a été contractée par plusieurs débiteurs ; ils sont tous principaux, *correi pro mittendi*, ou l'un deux seulement joue le rôle de débiteur principal, les autres sont des débiteurs accessoires, des fidéjusseurs. Le créancier qui, primitivement, n'avait le droit d'agir que contre un seul d'entre eux, peut désormais les poursuivre tous successivement (l. 28. Code, 8-41.

2° Le demandeur qui a été débouté de sa demande exerce-t-il une nouvelle instance ? il se heurte non plus à l'exception *rei in judicium deductæ*, elle a disparu sous Justinien, mais à l'exception *rei judicatæ*.

Relativement à cette dernière exception, nous devons faire une observation importante.

Avant Justinien, l'exception *rei judicatæ* avait la même fonction que l'exception *rei in judicium deductæ*, elle mettait obstacle à la réitération de la même action par la même personne. Désormais, elle a une nouvelle fonction, une fonction positive ; elle tend à faire respecter l'autorité de la chose jugée, et, à ce titre, elle est opposable à toute personne qui, ayant déjà juridiquement figuré au procès, soit en qualité de demandeur, soit en qualité de défendeur, voudrait soulever la même question que celle qui avait été tranchée déjà. Aussi Primus avait revendiqué contre Secundus l'immeuble A et avait triomphé. Une fois en possession de la chose, il était, à son tour, actionné en revendication par Secundus, l'ancien défendeur au premier procès. Celui-ci avait-t-il déduit en justice un droit quelconque ? Non. Aussi primitivement, aucun obstacle n'aurait été apporté à l'exercice de son action. Mais, grâce à la nouvelle fonction de l'exception *rei judicatæ*, il sera repoussé ; il agitait une question déjà résolue, la question de savoir qui, de Primus ou de Secundus était propriétaire, cela suffisait ; peu importait le rôle qu'il avait joué lors de la première instance, il voulait remettre en question ce qui avait été jugé déjà, il se heurtait à l'exception *rei judicatæ*.

3° La troisième conséquence est relative à la *plus petitio*. Comme l'effet extinctif de la *litis contestatio* a disparu, le droit du demandeur n'est plus compromis par la *plus petitio*. Celui-ci a-t-il demandé plus que ce qui lui est dû, le magistrat réduira simplement la demande à la mesure du droit existant. Est-ce à dire que la *plus petitio*, quelle qu'elle soit, n'aura aucune conséquence fâcheuse pour le demandeur ? Non. La *plus petitio*, il est vrai, n'entraine plus la perte du droit, cependant cela n'a pas lieu sans une certaine sanction. Ainsi le demandeur a-t-il exagéré sa demande, il devra rembourser au défendeur une somme égale au triple du tort qu'il lui a causé *plus petendo re*. A-t-il agi avant terme, il devra, avant d'agir une deuxième fois, attendre l'expiration d'un délai double de celui qui restait à courir et qu'il a méconnu. En outre, il ne pourra reprendre son action qu'en remboursant au préalable au défendeur les frais de la première poursuite; enfin les intérêts cesseront de courir.

Ainsi la sanction attachée à la *plus petitio* n'a plus le caractère qu'elle avait autrefois; désormais c'est une peine, la peine du plaideur téméraire; la *plus petitio* est considérée comme une faute, et voici les conséquences qu'entraine ce point de vue nouveau :

a. Le demandeur ne subira la peine qu'autant qu'il aura un dol ou une faute à se reprocher;

b. Primitivement, la *plus petitio* n'était encourue que dans les actions *certæ*; désormais il n'y a plus lieu de distinguer les actions qui sont *certæ* et celles qui ne le sont pas.

c. Il n'y a plus lieu également de distinguer entre le terme et la condition. Autrefois, le créancier conditionnel qui, *pendente conditione*, poursuivait le débiteur, ne commettait pas de *plus petitio*, car il ne déduisait rien en justice.

B. La *litis contestatio* ne produit plus d'effet positif.

La suppression de cet effet créateur produit plusieurs conséquences.

1° La *litis contestatio* ayant perdu son double effet extinctif et créateur, elle ne peut plus, désormais, être comparée à la novation.

2° Le demandeur pourra obtenir une condamnation *ad ipsam rem*. Nous reviendrons sur cette conséquence de la suppression de l'effet créateur de la *litis contestatio*.

Une troisième conséquence logique de la suppression de l'effet créateur de la *litis contestatio* n'a pas été maintenue. La *litis contestatio*, avant Justinien, disions-nous, rajeunissait, renouvelait le droit. Une action était-elle temporaire, intransmissible, la *litis contestatio* la rendait perpétuelle, transmissible. La *litis contestatio* ayant perdu son double effet, d'éteindre et de créer, comme la novation, logiquement, on aurait dû décider qu'elle laisserait intact le droit exercé en justice, que celui-ci resterait après comme avant la *litis contestatio* ce qu'il était déjà, temporaire et intransmissible. Cependant, comme cet effet ancien de la *litis contestatio* présentait un intérêt pratique considérable (il est fâcheux, en effet, qu'un plaideur puisse souffrir des lenteurs de la justice), on le conserva. Nous avons déjà insisté sur ce point en recherchant l'intérêt que présentait la détermination de la *litis contestatio*. Rappelons seulement que, dans le droit de Justinien, tous les droits sont devenus temporaires, c'est-à-dire, prescriptibles. Le délai de prescription est de 30 ans, en règle générale (C. 3, 7, 39). Par exception, il est porté à 40 ans, en matière hypothécaire, pour l'exercice de l'action contre le débiteur ou ses héritiers, et à 50 ans, quand il s'agit d'une dette de jeu.

III. — *Solution donnée à l'affaire.*

Le juge a reconnu le bien fondé de la réclamation du demandeur, il doit condamner. Mais, ici, une question surgit : quel est l'objet de la condamnation ? Peut-elle, lorsqu'il s'agit d'une action réelle, porter sur la chose même ?

A l'époque classique, la réponse est certaine, la condamnation est toujours pécuniaire. Que l'action intentée soit réelle ou personnelle, le juge ne peut allouer au demandeur qu'une somme d'argent. Le texte de Gaius (C. IV, § 48), ne peut laisser aucun doute sur ce point : *judex non ipsam rem condemnat eum cum quo actum est, sed sicut olim fieri solebat æstimata re pecuniam eum condemnat*. Cette règle est-elle propre au système formulaire, ou a-t-elle été empruntée au système des actions de la loi ? il y a doute sur ce point, et le doute provient de la difficulté que l'on éprouve à assigner au mot *sed*, qui n'existe pas dans le texte même de Gaius, sa véritable place. Doit-on le placer devant les mots *æstimata re*, ou ne doit-on pas plutôt, comme nous venons de le faire, le mettre avant les expressions *sicut olim*. Avec la première ponctuation, le texte signifie que le juge ne condamne plus à la chose, sous le système formulaire, comme cela se faisait autrefois, mais prononce une condamnation pécuniaire ; avec la seconde ponctuation, celle que nous adoptons, au contraire, le texte signifie que les condamnations pécuniaires sont déjà le droit commun sous le système des actions de la loi. Cette dernière opinion nous paraît la meilleure. (Voir, en ce sens, thèse Herbet, 74, t. 7). Car, si le juge avait pu condamner, sous le système des actions de la loi à la chose même, on s'expliquerait difficilement que les Romains eussent abandonné une règle aussi rationnelle et aussi conforme au droit naturel (1). On chercha,

1. Le texte de Gaius, au palimpseste, est ainsi conçu :
... *ju*
dexn.ipsamremcomdemnatumcumqctume.....
Siculolimferisolebatæstimatarepec. neum
Cdemmat..... M. Girard (2e édit. texte 1895), place *sed* entre *solebat* et *æstimata*. Cette addition nous paraît arbitraire. En effet, elle est faite dans une partie du texte où il n'existe au-

d'ailleurs, à remédier à l'inconvénient que présentait la règle exprimée ci-dessus. Quand le demandeur agissait *in rem per formulam petitoriam*, la formule contenait une clause dite *arbitraria*, d'où le nom d'actions arbitraires donné aux actions pour lesquelles cette manière de procéder était admise. En quoi consistait cette clause ? Elle consistait dans une condition mise à la condamnation du défendeur; le juge, avant de la prononcer, devait ordonner à ce dernier de fournir au demandeur une satisfaction arbitrée par lui juge *ex æquo* et *bono* ; il fixait ce qui aurait été une satisfaction directe. Si nous supposons, par exemple, une action en revendication, le juge, quand il estimait la demande fondée, donnait au défendeur l'ordre de mettre le demandeur en possession de la chose, ou, si l'usucapion s'était accomplie *inter moras litis*, de lui en retransférer la propriété. L'ordre du juge portait le nom d'*arbitrium* ou *jussum judicis*. Si le défendeur obéissait, il obtenait son absolution.

Quelle était la sanction de l'ordre du juge ? Pour vaincre la résistance du défendeur, le juge n'avait-il

cune lacune, entre deux mots qui se touchent et parfaitement lisibles (M. Petit, *Droit romain*, p. 633). A supposer que le texte contînt le mot *sed* (ou *at*), n'est-il pas plus naturel de penser qu'il avait sa place, avant *sicut*, on comblerait ainsi le petit vide à la fin de la ligne précédente.

que la menace du *juramentum in litem* consistant à autoriser l'adversaire à fixer lui-même, sous la foi du serment, le montant de la condamnation à prononcer, ou pouvait-il mettre en mouvement la *manus militaris* pour enlever la chose de force au défendeur récalcitrant ? Il y a sur ce point deux opinions, la première consistant à admettre l'exécution forcée, la seconde la rejetant.

1re Opinion. — *L'arbitrium judicis* est à l'époque classique, exécutoire *manu militari*.

On concède, en général, que cette exécution forcée ayant pour objet la chose même est contraire à l'esprit du système formulaire, et qu'elle n'a pas été admise dès le début, mais on ajoute qu'elle fut empruntée à la procédure *extra ordinem* pour remédier aux inconvénients des condamnations purement pécuniaires. Ce changement avait, dit-on, déjà eu lieu à l'époque d'Ulpien, et, à l'appui de cette assertion, on cite un texte de ce jurisconsulte qui paraît, au premier abord, absolument irréfutable (L. 68, D., 6, 1). Elle est ainsi conçue : *qui restituere jussus judici non paret, contendens non posse restituere, si quidem habeat rem, manu militari officio judicis possessio abeo transfertur.*

Ce texte serait décisif s'il était certain qu'il est aujourd'hui tel qu'Ulpien l'a écrit ; or, sur ce point, le doute est permis. Jusqu'au 16e siècle, nul n'avait même soupçonné la possibilité d'une altération du texte primitif, mais à cette époque, Antonin Fabre eut l'idée qu'il pouvait y avoir eu une interpolation de Tribonien, l'un des commissaires de Justinien. Mais quelle peut être la modification apportée au texte d'Ulpien ? Sur ce point, il y a dissentiment entre les interprètes. Les uns, ceux qui disent qu'il ne saurait être question d'exécution par la force publique, à l'époque classique, veulent que la phrase toute entière, où il est question de *manus militaris*, soit de l'invention de Tribonien ; les autres, et nous nous rallierons à leur opinion, distinguant entre l'*ordo judiciorum* et la procédure *extra ordinem*, pensent qu'Ulpien a bien pu parler d'exécution forcée, mais seulement lorsque le magistrat statuait lui-même, et que Tribonien n'a fait que généraliser la décision donnée par Ulpien pour des cas spéciaux qui n'étaient que l'exception de son temps, mais étaient devenus la règle depuis la suppression du système formulaire.

A l'appui de cette première opinion, on invoque encore la loi 9, D. 6, 1, où il est dit que le défendeur à l'action en revendication, une fois que le dedéur a prouvé son droit, est, s'il n'a aucune exception à opposer, dans la nécessité de restituer : *necesse habebit restituere*. Il y a là évidemment une contrainte, nous le reconnaissons, mais rien ne nous dit qu'il ne s'agisse pas seulement d'une contrainte morale résultant de la menace du *juramentum in litem*, et non d'une contrainte physique ; le mot *necesse* est loin d'être probant. Au surplus, on peut remarquer que le texte en question a uniquement pour but de trancher une question controversée, celle de savoir si l'action en revendication pourrait être donnée contre un simple détenteur, comme un locataire, et si celui-ci, en cas de refus d'obéir à l'*arbitrium judicis*, était exposé à voir déférer au demandeur le *juramentum in litem*, et le jurisconsulte répond par l'affirmative.

2e *opinion*. A l'époque classique, le *juramentum in litem* est l'unique sanction de l'*arbitrium judicis*.

A l'appui de cette doctrine, on peut citer la loi 9, § 1, D. 47, 2). Elle prévoit une hypothèse où le propriétaire qui intente l'action en revendication est particulièrement digne d'intérêt ; il n'a aucune négligence à se reprocher, il a été victime d'un vol. S'il existait dans la loi des moyens énergiques de lui faire recouvrer son bien, ce serait le cas de les mettre en œuvre. Or, que dit le texte ? Que le possesseur, s'il ne restitue pas, sera condamné à la somme fixée par le demandeur sous la foi du serment. Quant à la *manus militaris*, il n'y est pas fait la moindre allusion, et c'eût été, certes, le moment d'en parler, si elle avait été admise pour l'exécution de l'ordre du juge.

Si de la procédure formulaire, nous passons à la procédure extraordinaire, nous constatons trois modifications :

1re *modification*. La condamnation n'a plus nécessairement pour objet une somme d'argent. Désormais, elle porte sur la chose même, toutes les fois, bien entendu, qu'elle est possible, (*Inst.* IV, 6, § 32 ; *judex certæ pecuniæ vel rei sententiam ferat*. Notre règle nouvelle est, en effet, sans application, quand le juge se trouvera en présence non plus d'un obstacle de fait, mais d'un obstacle de droit. Supposons, par exemple, une stipulation de *dare* ; le débiteur se refuse à exécuter le contrat, c'est-à-dire, à rendre le créancier propriétaire de la chose promise ; il est poursuivi en justice. Que fera le juge ? Condamnera-t-il à la chose même qui fait l'objet du contrat ? Nous ne le croyons pas. Le consentement du débiteur est nécessaire pour la translation de propriété et la sentence du juge ne peut en tenir lieu. Il peut bien, en cas de partage, créer un droit réel, mais c'est là un droit exceptionnel que l'on ne peut étendre d'un cas à un autre.

Nous venons de parler d'un contrat de droit strict, mais la controverse naît dans les mêmes termes pour un contrat de bonne foi, la vente. Si le vendeur, bien que propriétaire de la chose vendue, ne veut pas en faire la tradition à l'acheteur, une condamnation à la chose pourra-t-elle être prononcée? On l'a soutenu. Le vendeur, dit-on, est seulement tenu de *præstare*, c'est-à-dire, de procurer à l'acheteur la possession paisible et durable. On ajoute que l'acheteur, une fois mis en possession, *manu militari*, la force pouvant, dans l'espèce, être employée par le juge, car il s'agit uniquement de vaincre un obstacle de fait, deviendra légitime propriétaire après l'expiration du laps de temps nécessaire pour l'usucapion. Nous répondons que le vendeur doit non seulement *præstare*, il doit encore céder tous ses droits, il doit *tradere*, autrement il contreviendrait à l'obligation qu'il a contractée de ne pas commettre de dol; or, comme c'est là un acte juridique, on ne peut l'y contraindre par la force. Quant à l'usucapion, nous nions qu'elle soit possible. L'acheteur ne peut usucaper, car il lui manque, pour cela, un titre de nature à transférer la propriété, une tradition volontaire qui, dans l'espèce, fait entièrement défaut.

En résumé, l'exécution forcée qui, à l'époque classique, avait un caractère tout à fait exceptionnel, est devenue sous Justinien une règle applicable aussi bien aux interdits qu'aux jugements. Elle ne fléchit que devant un obstacle de droit.

On peut se demander s'il existe encore, sous la procédure extraordinaire, des actions arbitraires, il semble que non. Sous la procédure formulaire, le demandeur ne pouvant obtenir une condamnation *ad ipsam rem*, avait intérêt à ce que le juge avant de condamner, ordonnât au défendeur de restituer la chose litigieuse, lui promettant son absolution s'il obéissait à son *jussum*. Mais, puisque, à l'époque de la procédure extraordinaire, le juge peut, quand cela est possible, condamner à la chose même, et assurer, *manu militari*, l'exécution de son jugement, les actions arbitraires paraissent inutiles. Cependant l'intérêt pratique attaché à ces actions n'a pas complètement disparu. Dans l'action arbitraire, le demandeur a le droit d'exiger que le juge ordonne la restitution de la chose, et, faute par le défendeur d'obéir au *jussum judicis*, il peut réclamer contre lui l'application des règles rigoureuses suivies en cas de *contumacia*, ce qui signifie qu'il peut le faire condamner à une somme d'argent qu'il fixe lui-même sous la foi du serment. Au contraire, dans les actions non arbitraires, le demandeur ne peut demander que la condamnation *ad ipsam rem*. Justinien, du reste, mentionne les actions arbitraires (Inst. IV, 6 § 31.

2° *Modification*. — Autrefois tout *judicium* se dénouait soit par la condamnation soit par l'absolution du défendeur : le juge n'avait pas le pouvoir de condamner le demandeur. Cette règle a disparu sous la procédure extraordinaire ; désormais le demandeur peut être condamné.

3e *Modification.* La troisième modification est relative à la compensation.

Pour mettre en œuvre la compensation, il faut supposer deux personnes créancières l'une de l'autre. Primus, pour une cause quelconque, est créancier, de Secundus ; il devient, par une autre cause, le débiteur de Secundus, d'une valeur inférieure ou supérieure ou même égale au montant de sa créance. Ces deux créances vont-elles se neutraliser jusqu'à la plus faible ? Oui, répond la loi française, pourvu que ces deux créances réunissent certaines conditions, qu'elles soient liquides, exigibles, qu'elles aient pour objet des choses fongibles, de même espèce, de l'argent par exemple. Ces deux dettes vont s'éteindre, à l'instant même où elles coexistent, à l'instant où Secundus, déjà débiteur, est devenu le créancier de son propre créancier. Mais tel n'est pas le droit romain, à ses débuts surtout. La naissance, au profit de Secundus d'une créance sur son créancier, n'exerce aucune influence sur ces deux obligations : *utraque obligatis sua via ibat*, chacune conserve son existence indépendante, suit sa voie. Le premier des deux créanciers qui prend les devants et poursuit l'autre, n'a pas à craindre de se voir opposer sa propre dette, de voir objecter qu'il est lui-même débiteur, il doit triompher, sauf au défendeur condamné à intenter, de son côté, une action contre celui-là même qui vient de le poursuivre.

Le commerce se développant, on avait aperçu les inconvénients d'un pareil système. Celui des deux débiteurs qui était poursuivi le premier, *secundus*, se trouvait obligé d'opérer un déplacement de valeurs, et ensuite, il allait se retourner contre *primus*, son débiteur, et exiger de lui un second déplacement de valeurs. Ce va-et-vient pouvait entraîner des frais, offrir des dangers. C'est alors que l'on commença à déroger à la vieille règle.

Dans les actions de droit strict, la compensation fut déclarée obligatoire pour l'*argentarius* et le *bonorum emptor*. Dans les actions de bonne foi, le juge acquit la faculté de connaître des demandes reconventionnelles formées par le défendeur, *ex eadem causâ*, subsidiairement à la demande principale, d'opérer la balance entre ces deux dettes, et de ne condamner le défendeur qu'à la différence. Le § 61 de Gaius, C. IV, laisse apercevoir cela, malgré les lacunes du texte. Notons, toutefois, que le droit de connaître de la compensation, *ex eadem causâ*, est pour le juge une simple faculté. La demande du défendeur est-elle embrouillée, compliquée, exige-t-elle des recherches plus ou moins prolongées qui auraient pour effet de retarder la solution de l'affaire, il peut renvoyer le défendeur à se pourvoir par une action principale contre son débiteur.

Là s'arrête la faculté d'invoquer la compensation. Mais, bientôt, si on en croit Justinien, dès le règne de Marc-Aurèle, sous lequel cependant Gaius a écrit une partie de ses *Commentaires*, le droit avait changé. Le domaine de la compensation allait de nouveau s'élargir. (Inst. § 30, 4, 6). Dans les actions de droit strict, la compensation fut admise sous la forme d'une exception de dol, et, comme dans les actions de droit strict, il était impossible que la créance du défendeur contre le demandeur fût née *ex eadem causâ*, le *strictum judicium* supposant une opération unilatérale, nous devons dire que la compensation admise par Marc-Aurèle, c'était la compensation *ex dispari causâ*, et si elle était admise dans les actions de droit strict, à plus forte raison, devait-elle l'être dans les actions de bonne foi, dans toutes les actions imaginables, car il y avait des actions qui n'étaient ni de bonne foi ni de droit strict.

Justinien a apporté à notre matière quelques réformes.

Et d'abord, dans l'intérêt du demandeur principal, pour éviter à sa demande des retards trop prolongés, il transforma en une règle de droit, ce qui n'avait été qu'un conseil donné au juge; il pouvait ne pas connaître de la compensation. Justinien décidait que la créance devrait être liquide, ou d'une liquidation facile, sinon le juge ne pouvait connaitre de la compensation.

Dans l'intérêt du défendeur, l'Empereur veut que la compensation se produise *ipso jure*. Que signifient ces mots? Nos anciens auteurs avaient traduit de *plein droit*; ils avaient fait de la compensation un mode d'extinction légale opérant à l'égal du paiement. La compensation s'analysait en deux paiements fictifs, abrégés. Chacun des créanciers se payait de ce qui lui était dû avec ce qu'il devait. Ce paiement fictif ou abrégé, se produisait non plus au moment où le juge constatait la chose, mais au moment où les deux créances venaient à naitre. Ces deux obligations, au moment même où elles coexistaient, s'éteignaient, même à l'insu des parties. C'était la loi qui opérait cette extinction en vertu de sa toute puissance. De sorte que, si, plus tard, des difficultés s'élevaient sur l'existence de la compensation, le juge qui les tranchait, n'opérait plus la compensation, il la constatait. La compensation avait eu lieu le jour où les deux créances s'étaient rencontrées, s'étaient heurtées, détruites.

Cette opinion n'a pas prévalu. La compensation est restée judiciaire, même sous Justinien. Les expressions *ipso jure* signifient que le défendeur ne sera plus tenu d'invoquer la compensation *in limine litis*, qu'il aura le droit de la faire valoir jusqu'à la clôture de l'instance, et voici les intérêts pratiques attachés à notre question. Admet-on que la compensation de Justinien était légale, on dira qu'elle s'opérait à l'insu des parties, *ipsâ vi legis*. En conséquence, si le débiteur, ignorant la compensation, payait ce qu'il croyait encore devoir, il avait la répétition de l'indu, mais sans pouvoir exercer les garanties attachées à la créance éteinte (V. Code civil, art. 1299). Au contraire, admet-on que la compensation était judiciaire, si le débiteur avait payé ce qu'il devait, il avait, à son choix, l'ancienne action non éteinte ou la *condictio indebiti*, car, pour avoir la *condictio indebiti*, il suffisait d'avoir payé une dette paralysée par une exception perpétuelle, ce qui était le cas. Le *solvens* avait intérêt à prendre le premier parti, au cas où l'*accipiens* était insolvable, surtout si la créance non éteinte était garantie par des sûretés. Admet-on que la compensation était judiciaire, le juge avait toujours le droit de l'accueillir ou de renvoyer le défendeur à se pourvoir devant le magistrat. Or, d'après les textes, le juge avait cette faculté. C'était donc que Justinien avait maintenu l'ancien système. Enfin, dernier intérêt, la compensation était-elle légale, il fallait, pour qu'il y eût compensation, que les deux dettes eûssent pour objet des choses susceptibles de se remplacer, des choses fongibles. Etait-elle au contraire, judiciaire, on pouvait compenser des dettes diverses quant à leur objet, dettes d'argent d'une part, dettes de corps certains, d'autre part. Le juge évaluera en argent la chose dûe, et, quand il l'aura estimée, il compensera les deux dettes. Or, Justinien dit que la compensation pouvait être opposée par le défendeur dans toutes les actions personnelles, quel qu'en fût l'objet, même dans les actions réelles, décision qu'on ne peut concilier avec la compensation légale.

Nous venons de dire que Justinien admettait la compensation même dans les actions réelles. Ces dernières expressions ont donné lieu à une difficulté. La compensation est-elle possible, en pareil cas ? il semble que non. La condamnation portant désormais sur la chose même que réclame le demandeur, le juge ne peut faire la compensation. Comment pourrait-il déduire d'une chose le montant d'une somme d'argent due par le demandeur au défendeur ? Plusieurs explications ont été tentées.

Dans un premier système, on prend à la lettre la phrase de Justinien. Le magistrat ne condamne pas à la chose même, il la convertira d'abord en argent, et il fera ensuite la compensation.

Dans un second système qui nous parait préférable, on soutient qu'il faut restreindre la portée de l'assertion de Justinien. La compensation ne sera possible qu'autant que la condamnation devra être pécuniaire, exceptionnellement, dans les actions *in rem* ou *in personam* tendant à un corps certain, il suffit, pour cela, de supposer que le corps certain, dû ou revendiqué, a péri par la faute du défendeur. La condamnation, en pareil cas, aboutit nécessairement à une somme d'argent.

Observons, en terminant, sur ce sujet, que Justinien n'admet pas la compensation, quand le défendeur est un dépositaire ou un possesseur de mauvaise foi, tenu comme tel, de restituer à première réquisition. Cette exception, toutefois, ne peut recevoir son application que dans le cas où la compensation serait possible, d'après le droit commun. Ainsi le défendeur est un dépositaire d'une somme d'argent, ou d'un corps certain qui a péri par sa faute.

SECTION IV. — *Des voies de recours contre les jugements*

Les débats ont pris fin ; le juge a rendu sa sentence. Or, il peut arriver que la solution donnée à l'affaire n'accorde pas satisfaction aux parties. Le défendeur, condamné, trouve inique la sentence prononcée contre lui : le demandeur, débouté de sa demande, se voit injustement dépouillé d'un droit. Les parties ont-elles le moyen de se pourvoir contre un jugement rendu à leur préjudice.

Pour répondre à cette question, il y a lieu de

faire une distinction : ou le jugement rendu est irrégulier ou il ne l'est pas.

1° *Le jugement n'est pas régulier.*

La nullité d'un jugement peut résulter de bien des causes : d'un *vice de forme* d'abord : le jugement a été prononcé à tort contre un absent, sans l'observation des formalités de la contumace ; il manque de précision, ou il n'a pas été rédigé, à une époque où la rédaction était nécessaire. La nullité peut résulter d'un *défaut de capacité*, soit chez les parties, soit chez le juge lui-même. Ainsi l'une des parties, atteinte de démence, *furiosus*, au lieu de plaider par représentant, est intervenue elle-même au procès ; le jugement a été rendu contre une personne décédée, ou bien c'est le juge qui n'a pas qualité pour connaître du litige, il est incapable. Enfin la nullité peut avoir pour cause la violation d'une loi, d'un sénatus-consulte, ou d'une constitution impériale, ou cette circonstance qu'il existait déjà une sentence contraire ayant acquis force de de chose jugée.

Dans toutes ces hypothèses, la situation est simple. La sentence irrégulièrement rendue préjudicie-t-elle au défendeur, celui-ci a deux partis à prendre : attendre que l'action *judicati* soit exercée contre lui et alors se défendre en alléguant la nullité du jugement, ou au contraire, prendre les devants et intenter une action appelée *revocatio in duplum.* Quel que soit le parti qu'il prenne, il court le risque, s'il échoue dans sa prétention, d'une condamnation au double (Cic. *pro flacc.*, 21). La sentence nulle, au contraire, nuit-elle au demandeur, rien ne s'oppose à ce qu'il intente une nouvelle action fondée sur la même cause que la première ; l'exception *rei in judicium deductæ* lui est-elle opposée, il la paralysera en invoquant l'inexistence légale du jugement.

2° *Le jugement est régulier,* il est valable en soi.

Quel recours a la partie qui se croit condamnée ou déboutée injustement ?

Avant Auguste, la partie lésée n'a qu'une ressource, s'adresser au préteur et solliciter un décret d'*inintegrum restitutio.* Les cas dans lesquels cette voie de recours est admise sont assez nombreux. Citons seulement à titre d'exemple le cas où un jugement a été rendu contre un mineur de 25 ans, et celui où la sentence a été déterminée par des pièces reconnues fausses. (2, 7. Code 7, 58). Mais, à partir de cet empereur, il existe un nouveau moyen de se pourvoir contre les jugements, c'est l'appel.

Origine de l'appel. L'appel a son origine dans le droit de *veto* que tout magistrat revêtu de l'*imperium* ou de la *potestas* pouvait opposer à la décision d'un magistrat égal ou inférieur. En s'adressant à lui, la partie à laquelle préjudiciait le jugement rendu n'avait d'autre but que celui d'empêcher l'exécution de la sentence.

Cette institution était imparfaite à deux points de vue différents. D'abord, l'exercice de ce droit de *veto* n'était pas possible dans les provinces. Le gouverneur n'ayant pas de collègue comme le préteur, à Rome, la sentence rendue par lui ne pouvait être l'objet d'un *veto*. En outre, cette institution ne s'appliquait pas aux sentences d'absolution.

L'appel, comme voie de recours, en matière civile, apparait sous Auguste. Des lois anciennes avaient déjà admis le principe dans les matières criminelles. (Cic., *de rep.*, II, 31.)

La théorie de l'appel, en droit romain, est fort compliquée. Pour plus de clarté, nous l'étudierons, à deux époques différentes, avant Dioclétien et après cet empereur.

A. — *De l'appel jusqu'à Dioclétien.*

Nous avons à répondre à deux questions :

1° Quels sont les magistrats compétents pour juger en appel ?

2° Quelle est la procédure suivie en appel ?

a. — *Quels sont les magistrats compétents ?*

Les magistrats d'appel diffèrent suivant que le jugement a été rendu en Italie ou dans les provinces.

1° *Italie.* En principe, l'appel est porté à un juge immédiatement supérieur à celui qui a rendu la sentence. Un jugement émane-t-il d'un juge institué par un magistrat municipal (sous le système formulaire) l'appel pourra être jugé successivement par ce magistrat lui-même, par le préteur, et enfin par l'empereur. A partir de Tacite, on put appeler du préteur au préfet de la ville, avant de saisir de l'affaire l'empereur lui-même. Dans la suite, à partir des *Sévère,* le préfet du prétoire fut également compétent. Mais il est difficile de déterminer les cas dans lesquels l'affaire doit être portée soit au préfet du prétoire, soit au préfet de la ville.

2° *Provinces.* Dans les provinces, l'appel d'un jugement rendu par le juge institué par le président est porté devant le magistrat même qui l'avait nommé, ensuite au *consularis* désigné chaque année à cet effet (Suét. Aug., 33). Dans la suite, on put appeler au préfet du prétoire ou à l'empereur.

L'Empereur juge en dernier ressort, comme le préfet du prétoire (L. 17, D. 4.4).

Ainsi, il peut y avoir plusieurs appels. Plus le

magistrat est élevé, moins il y a d'appels possibles. Mais observons que, si l'appel a lieu, quelque peu importante que soit l'affaire, toute affaire n'est pas susceptible d'appel, le droit d'appel n'est pas accordé à toute personne. Ainsi l'appel n'est pas admis dans les affaires urgentes et on le refuse au contumace. Il en est de même, quand l'Empereur a nommé un juge avec déclaration qu'on ne pourrait pas appeler, ce que faisait souvent Marc-Aurèle, loi 1, § 4, D. *Quis a quo*.

b. — *Procédure d'appel.*

La partie lésée peut interjeter appel du jugement, de deux façons : de vive voix, au moment de la sentence, ou dans les deux jours, au moyen d'un *libellus* adressé au juge qui avait rendu la sentence attaquée. Ce délai est porté à trois jours, quand l'appelant plaide au nom d'autrui. L'appelant devait ensuite, dans un délai de 5 jours, réclamer des lettres de renvoi devant le juge supérieur, et, dans un second délai de 5 jours, fournir une caution de payer, à titre d'amende, une somme égale au tiers de la somme litigieuse (Paul V, 33, § 1-8).

L'appel est suspensif de l'exécution du jugement. En cas d'insuccès, le juge d'appel avait le droit de condamner l'appelant téméraire au paiement de l'amende dont il vient d'être parlé.

B. — *De l'appel depuis Dioclétien.*

1° *Magistrats compétents.* En Italie, on continua d'appeler du préteur au préfet de la ville. Sous Constance (loi 27, Code théo. *de appel* 11, 30), l'appel des provinces de l'Italie fut enlevé au préfet de la ville, et attribué au préfet du prétoire de l'Italie.

Valentinien III attribua au préfet de la ville, les appels des provinces d'Afrique.

Quant aux appels des autres provinces, ils furent portés soit devant le préfet de la ville,soit devant le préfet du prétoire.

Du préfet de la ville, l'appel était porté à l'Empereur. Il n'en était plus de même quand la sentence émanait du préfet du prétoire; l'appel à l'Empereur était interdit, car le préfet du prétoire jugeait, comme l'Empereur, en dernier ressort (L. 19, Code *de appel.* Constitution de Constantin).

Les appels pouvaient être nombreux, nous l'avons déjà fait remarquer, ils n'avaient pas d'autres limites que celles des degrés de magistrats supérieurs à parcourir. Cette multiplicité d'instance présentait un inconvénient grave, celui de retarder indéfiniment l'issue définitive du procès. Justinien apporta un remède à cet état de choses, en décidant que désormais le nombre des appels ne pourrait plus être supérieur à deux (L. un. Code, *init.*, 7, 70).

2° *Procédure de l'appel.* Pendant cette seconde période qui va de Dioclétien à Justinien, la procédure d'appel subit quelques modifications. Nous avons vu que l'appelant, avant Dioclétien, devait faire sa déclaration d'appel dans un délai bref qui était de deux ou trois jours, suivant que l'on avait plaidé en son nom ou au nom d'autrui. Justinien a porté ce délai à dix jours, sans distinguer entre le cas où la partie appelante avait plaidé en son nom ou au nom d'autrui.

La déclaration d'appel une fois faite, le juge doit d'office préparer les *apostoli*, c'est-à-dire rédiger l'acte d'appel qui doit être porté au juge supérieur. L'appelant devait, primitivement, réclamer cet acte dans les 5 jours et, dans un second délai de 5 jours également, fournir une caution par consignation ou fidéjusseur, de payer à son adversaire, à titre d'amende, une somme déterminée qui était du tiers de la valeur de l'objet litigieux. Désormais cette obligation de fournir caution a disparu; le juge doit, en outre, sans délai, accorder l'attestation de la déclaration d'appel (loi 6, § 5, Code *de app.*), il n'est plus question des deux délais de 5 jours dont nous avons déjà parlé.

Sous Justinien, l'appel est porté non plus par le juge, mais par l'appelant lui-même.

Reste un point qui a été, suivant les époques, résolu de différentes façons, la détermination du délai pendant lequel l'appel doit être porté au juge supérieur, et discuté, c'est le *tempus exequendæ appellationis*.

Avant Théodose II, ce délai était de 4 mois. Une constitution au Code Th., L. un. 11, 35, nous fait savoir que, quant l'appelant mourait après avoir interjeté appel, on accordait à ses héritiers quatre autres mois. On peut conclure de ce texte que le délai ordinaire était bien de 4 mois. L'appelant laisse-t-il passer ce délai sans saisir le juge d'appel, il est déchu du bénéfice de l'appel. Toutefois, s'il est excusable, il peut obtenir une *reparatio*, conformément à plusieurs constitutions de Valentinien Ier, mais seulement pendant trois mois ; le délai de grâce est même restreint à 30 jours, si le jugement émane d'un magistrat municipal ou d'un juge pédané.

Par exception, dans les cas urgents, le *tempus exequendæ appellationis* était de deux mois, au lieu de quatre mois, du temps de Valentinien Ier.

A partir de Théodose II, le délai accordé à l'appelant pour saisir le juge d'appel n'est plus le même. Une novelle de cet empereur (L. 2, Code, 7, 63), a remplacé les constitutions précédentes. D'après ce texte, les débats doivent commencer le dernier jour du 6e mois. Si, ce jour là, l'appelant ne se présente pas, suivent trois *dies fatales,* à 31 jours d'intervalle, passés lesquels, il est déchu du bénéfice de son appel. Mais, le prince peut accorder, à titre de *reparatio,* un nouveau délai de 3 mois à l'appelant, s'il est excusable, et pourvu qu'il fasse sa demande dans un délai de trois jours. Toutefois cette faveur n'est accordée que dans le cas où l'appel est interjeté d'un *vir clarissimus ;* est-il interjeté d'un juge délégué dans une province par l'empereur, aucune *reparatio* ne sera accordée à l'appelant qui a laissé passer le délai ci-dessus indiqué. Sous Justinien, on déclara que, sous aucun prétexte, le délai ne pourrait être renouvelé. Toutefois, on adoucit les rigueurs relatives aux *dies fatales*, en accordant six autres jours (Loi 5, pr. et § 1, Code 7, 63).

Relativement aux effets de l'appel, les principes anciens furent conservés. Notons seulement une constitution de Théodose, Arcadius, Honorius, d'après laquelle les parties ne pouvaient agiter en appel que les questions qui avaient déjà été examinées en première instance (L. 52, Code Th. *de app.*). Justinien confirma cette dernière disposition (L. 4, Code, 7, 63).

Section V. — *Des voies d'exécution*

Il nous reste une dernière question à examiner : un débiteur condamné ne pouvant ou ne voulant pas payer ce qu'il doit, quels droits, quels moyens de contrainte directs ou indirects la loi donne-t-elle au créancier ?

Les voies d'exécution que la loi mettait à la disposition des créanciers ont varié suivant les temps.

La première voie d'exécution a été la *manus injectio* (G. 4 C. § 21 à 25). En quoi consistait-elle ?

Primitivement, on pratiquait l'exécution de l'obligation sur la personne physique. Quand un délai de trente jours s'était écoulé depuis la sentence, le débiteur était traîné devant le magistrat, et là, *in jure*, le créancier prononçait la formule *Injiciebat*, il se saisissait de la personne du débiteur, et alors ce débiteur voyait sa situation d'homme libre atteinte, en ce que, s'il avait la prétention de contester le bien fondé de cette prise de corps, il ne pouvait plus plaider lui-même, il ne pouvait plus figurer en personne dans le procès. Il devait, ce qui était une garantie pour le créancier, trouver un champion qui voulût bien prendre sa défense, un *Vindex*. Quand il n'en trouvait pas, il était amené chez le créancier, enfermé dans sa maison, l'*ergastulum*; c'était le commencement de la servitude, il pouvait, toutefois, vivre avec ses propres ressources. Cet état de choses durait 60 jours, pendant lesquels le débiteur devait être amené sur le marché, exposé publiquement, afin de faire surgir les autres créanciers de ce même débiteur, et surtout afin d'essayer d'apitoyer ses parents et amis. Faute de trouver des répondants, il était adjugé au créancier, il devenait l'esclave de celui-ci, et devait être vendu *trans tiberim*, car il ne pouvait pas être esclave, chez lui, ou bien le créancier pouvait le mettre à mort. Que devenaient donc les biens de ce débiteur ? Ce débiteur, sans doute, n'avait plus de biens; il avait dû épuiser les ressources dont il pouvait disposer.

Dans la suite, cette législation barbare fut changée. Une loi *Pætilia*, postérieure d'un demi-siècle à la loi des XII Tables, était venue au secours des débiteurs, non pas en abolissant la contrainte par corps, on la laissa subsister jusqu'à l'empereur Justinien, alors la prison publique remplaça la prison privée. La contrainte par corps subsistait bien, la loi *Pætilia* en avait seulement adouci la rigueur. Le droit de vendre le débiteur comme esclave était supprimé; les débiteurs devaient leur travail, mais ils ne devenaient plus esclaves.

Ces mesures d'humanité avaient leur bon et leur

mauvais côté. Elles avaient leur mauvais côté en ce qu'elles affaiblissaient la notion de crédit, en ce qu'elles empêchaient ceux qui avaient besoin d'argent d'emprunter. Aussi, un jurisconsulte, *Rutilius*, dit-on, à côté des mesures sur la personne, avait introduit, généralisé peut-être, une voie d'exécution nouvelle, l'*exécution sur les biens*.

Bonorum venditio. En quoi consistait ce nouveau procédé d'exécution ?

Le créancier s'adressait au magistrat, obtenait un décret qui l'envoyait en possession du patrimoine, de la masse des biens. Cette *missio in possessionem* peut être comparée à notre faillite. Elle emportait dessaisissement de l'administration de la fortune du débiteur ; celui-ci perdait l'exercice de ses droits, cela afin qu'il ne pût commettre de détournements ; les poursuites individuelles étaient suspendues, les dettes à terme étaient exigibles.

L'administration des biens était remise aux créanciers ou à un curateur. Cette *missio* était rendue publique dans un double but : avertir les autres créanciers, les engager à se faire connaître, et révéler aux tiers la situation nouvelle faite au débiteur.

Le trentième jour écoulé, les créanciers étaient convoqués ; ils nommaient un *magister* qui poursuivait la vente du patrimoine saisi. Il rédigeait un cahier des charges. Ensuite avait lieu une adjudication du patrimoine, en bloc, au plus offrant et dernier enchérisseur, une *venditio bonorum* dont l'*emptor* s'engageait : 1° à payer à chacun des créanciers un dividende ; 2° à payer intégralement certains créanciers privilégiés. Ce *bonorum emptor* était un successeur *per universitatem* ; il rappelait le *bonorum possessor* du droit prétorien. Comme lui, il n'avait qu'*in bonis* les choses du saisi ; il devait les usucaper ; il avait des actions fictices contre les débiteurs ; il n'était tenu envers les créanciers qu'au moyen des actions utiles. (G. 4 Cᵉ § 25).

La *missio in possessionem* avait sur la *manus injectio* l'avantage de maintenir l'égalité entre les créanciers ; elle profitait à tous, tandis que la *manus injectio* ne profitait qu'à un seul créancier, au plus dur.

La *manus injectio* aboutissait à l'esclavage ; la *missio*, au contraire, aboutissait à la perte de l'*existimatio*, si le débiteur était emprisonné. Mais celui-ci avait un moyen d'échapper à la contrainte par corps. La loi Julia (de César) avait décidé que le débiteur insolvable qui se trouvait dans une situation digne de pitié, d'intérêt, et qui prouvait qu'il n'avait pas de quoi payer tout le monde, avait le droit d'abandonner ses biens, et échappait ainsi à la contrainte par corps.

La *bonorum venditio* disparut avec la procédure formulaire, et fut remplacée par la *bonorum distractio* (Inst. 3, 12 pr.). Justinien déclare que cette disparition a eu pour cause l'introduction de la procédure extraordinaire, mais sans nous expliquer en quoi la *bonorum venditio* était inconciliable avec cette procédure.

Bonorum distractio. On entend par là une vente en détail de tous les biens du débiteur. Elle suppose, comme la *bonorum venditio*, une *missio in possessionem* préalable, mais elle n'exige plus la rédaction d'une *lex bonorum vendendorum* ; la vente, en outre, est confiée à un curateur nommé par le magistrat, et choisi parmi les créanciers ou en dehors d'eux (loi 5, D. 27, 10).

La *bonorum distractio* n'a pas remplacé tout d'un coup la *bonorum venditio* ; elle a existé, concurremment avec la *bonorum venditio*, à titre de faveur accordée à certains débiteurs ayant le titre de *personæ claræ* (loi 5, *cod.*). Dans la suite, et à partir de la procédure extraordinaire, comme nous venons de le faire remarquer, cette faveur exceptionnelle devint la règle générale. Cette voie d'exécution, du reste, était préférable, à plusieurs points de vue, à la *bonorum venditio*, et ainsi peut-être s'explique la disparition de cette dernière voie d'exécution. Le débiteur n'encourait plus l'infamie. Quant aux créanciers, ils pouvaient espérer trouver plus facilement des acquéreurs, et surtout des acquéreurs offrant un prix élevé. La *bonorum venditio* présentait, en effet, un inconvénient grave, celui d'écarter les acheteurs sérieux pour ne laisser en présence que des spéculateurs peu délicats. La vente en bloc de tous les biens du débiteur saisi n'était pas de nature à attirer les premiers, et les second devaient proposer un dividende d'autant moins élevé qu'ils se proposaient justement de spéculer sur la revente en détail des biens du débiteur. Enfin, la *bonorum venditio* exigeait entre les créanciers une certaine entente souvent difficile à obtenir, notamment lors de la nomination du *magister*.

Justinien a apporté quelques changements en notre matière, il décida que la vente des biens en détail ne pourrait avoir lieu que deux ans après la *missio in possessionem*. Ce délai avait pour but de permettre aux créanciers de se faire connaître et de bénéficier ainsi des effets de la vente. Ce délai était porté à 4 ans, quand les créanciers ne résidaient pas dans la même province que les envoyés en possession (loi 10 pr., et § 1, Code 7, 72). Enfin le même Empereur autorisa les créanciers à se partager les biens en nature (Inst. 2,19, § 1). Mais, sans doute, les créanciers n'étaient-ils admis à user de cette facultė que dans l'hypothèse où les biens ne trouvaient pas d'acquéreurs.

En terminant, disons quelques mots d'une voie d'exécution tout à fait spéciale introduite sans doute par le préteur, le *pignus ex causa judicati captum*, ou saisie suivie de vente de certains biens.

Voici l'hypothèse dans laquelle cette voie d'exécution trouvait son application. Un débiteur condamné refuse d'exécuter volontairement la condamnation ; il est solvable. Le magistrat, alors sur la demande du créancier, autorisait la saisie de certains biens appartenant au débiteur, de préférence, les meubles, la vente avait lieu ensuite par le ministère des *apparitores*, au comptant et aux enchères, et le prix en provenant était attribué exclusivement au créancier saisissant (loi 1, Code 8, 23).

TABLE DES MATIÈRES

DE LA COGNITIO EXTRAORDINARIA

8

DROIT FRANÇAIS

DE L'ÉVOCATION

HISTORIQUE

De l'évocation en matière civile.

I. — *Ancien droit.*

L'évocation est l'attribution à un juge d'une affaire dont la connaissance appartient naturellement à un autre.

L'ancien droit reconnaissait les évocations *de grâce et les évocations de justice.*

Les premières résultaient principalement des privilèges de *committimus* et de *garde gardienne.*

Le *committimus* était une autorisation donnée par le roi à un plaideur de plaider en première instance devant un tribunal indiqué et d'y traduire son adversaire.

La *garde gardienne*, faveur royale également, donnait à certains corps ecclésiastiques, le droit d'enlever leur procès aux juges naturels, et de les évoquer tant en demandant qu'en défendant par devant les baillis et sénéchaux-royaux.

Ces évocations n'avaient, à l'époque, rien de contraire au droit public. Le roi étant, de par le droit divin, seul investi du droit de légiférer et de juger, considérait toute justice autre que la sienne comme une délégation de sa propre prérogative ; les évocations *de grâce* lui permettaient de la retenir, et en contribuant à étendre la juridiction royale, elles ont servi, dans une certaine mesure, à unifier la législation.

Les évocations *de justice* sont un emprunt à la juridiction ecclésiastique. Le concile de Latran, en 1216, consacre leur usage, déjà introduit par les Papes, dans le décret suivant : « le juge supérieur saisi de l'appel d'une instance, qui ne juge pas le fond, doit envoyer devant le premier juge l'appelant téméraire et le condamner aux dépens, mais si l'appel est fondé, il doit procédér au jugement ». Le motif donné par Scaccias à ce canon est d'ordre public : la suspicion naturelle qu'a un plaideur pour un juge qui, après s'être déclaré incompétent pour une affaire, se voit malgré lui investi du droit de la juger. Comme l'évocation était obligatoire, bien qu'accordée seulement en cas d'incompétence, elle concourait à la bonne administration de la justice tout en servant les intérêts du plaideur. Elle finit par s'introduire dans les tribunaux laïques, mais ce ne fut pas sans une résistance acharnée des seigneurs dont elle diminuait les revenus de justice. L'abus en devint si criant que la royauté dut réglementer leur usage. L'Ordonnance de Blois de 1579 interdit les évocations aux juges ressortissant à des cours souveraines et leur enjoignit de renvoyer le principal devant les juges ordinaires royaux et des seigneurs particuliers, autres que ceux qui avaient jugé. Elle ajoute : « et pour le regard de nos souveraines cours, leur défendons, en procédant au jugement des causes d'appel, d'évoquer le principal de la matière, si ce n'est pour le vider et sur le champ », (art. 148 et 149). L'ordonnance de Moulins de 1667 réitère les mêmes prescriptions. Quant le juge d'appel évoquera, il devra juger définitivement, en l'audience et sur le champ, par un seul et même jugement.

L'appel étant reçu alors, de tous les actes d'instruction, les tribunaux supérieurs arrivaient, dans un but d'intérêt fiscal, à évoquer presque toutes les causes avant même qu'elles fussent instruites. Le roi, en coupant court à cette pratique assurait le respect de la hiérarchie judiciaire et le bon fonctionnement de la justice. C'est là un point qu'il est utile de mettre en lumière, car notre Code de procédure, en reproduisant, à peu près textuellement les dispositions de nos vieilles ordonnances, a dû s'inspirer, comme elles, autant de l'ordre public que de l'intérêt des parties.

II. — *Droit intermédiaire.*

Le 1er mars 1790, l'Assemblée Nationale rend le décret suivant : « l'Assemblée Nationale décrète qu'il y aura deux degrés de juridiction en matière civile, sauf les exceptions particulières qu'elle pourra déterminer ». D'autre part, l'art. 17 du titre II, de la loi des 16-24 août 1790 est ainsi conçu : « l'ordre constitutionnel des juridictions ne pourra être troublé, ni les justiciables distraits de leurs juges naturels, par aucune commission, ni par d'autres attributions ou évocations que celles qui seront déterminées par la loi ». Ces deux textes sont on ne peut plus précis. Le droit d'évocation touche à l'ordre public, parce que le double degré de juridiction est d'ordre constitutionnel, et nul ne peut être distrait de son juge naturel qu'en vertu d'une loi. Ce principe a été affirmé de nouveau dans la Constitution des 3-14 septembre 1791 (ch. V, t. III, art. 4), dans celle du 5 fructidor an III (art. 204), dans la charte des 4-10 juin 1814 (art. 62), dans l'acte additionnel des 22-23 avril 1825 (art. 60), dans la charte du 14 août 1830 (art. 63), et une dernière fois dans la Constitution du 4 novembre 1848 (art. 4, ch. I). Le double degré de juridiction et la défense d'évoquer sans une autorisation de la loi sont donc bien deux règles du droit public, elles se rattachent à la compétence absolue par leur caractère impératif.

Que sont-elles devenues dans la pratique, sous le droit intermédiaire ? Les tribunaux, faute d'un texte, le Code de procédure n'ayant été voté qu'en 1806, durent mettre le principe nouveau d'accord avec les anciennes ordonnances. Leur jurisprudence peut se résumer ainsi : l'évocation est une faculté pour le tribunal d'appel et non un droit pour le demandeur (Cass. Req., 30 frimaire an XI. Dall. Rép., t. XV, p. 241) ; il faut que le fond n'ait pas été jugé par le tribunal du premier degré pour que celui du second puisse évoquer et alors il devra être statué sur le champ, en un seul et même jugement, sur l'incident et sur le fond (Cass., 1er avril 1807. Dall. Rép., t. 15, p. 266. Cass., 30 frimaire an XI. S., 1803, II, p.

238. Cass., 24 et 25 décembre 1791. Dall., Rép., t. 15, p. 241). C'est l'application des anciens principes en harmonie avec le droit public nouveau, et l'art. 473 du Code de procédure civile a consacré la même jurisprudence. Mais les tribunaux ont admis, en même temps, pour les parties le droit de porter directement leur cause devant le tribunal d'appel. (Cass., 9 floréal an III. Dall. Rép., t. 15, p. 267). N'y a-t-il pas là une atteinte à un principe d'ordre public ? Comment se fait-il que la jurisprudence qui s'est toujours opposé depuis l'an 1790 à la création d'un troisième degré de juridiction, au nom des lois de l'Assemblée Nationale, en soit venue à supprimer le premier des deux degrés de juridiction par l'effet de la seule volonté des plaideurs ? Assurément la lettre et l'esprit du droit ne sont pas respectés, mais jusqu'à la Constitution de l'an VIII, en fait le résultat pratique est sensiblement le même pour les plaideurs, qu'ils subissent un ou deux degrés de juridiction. En effet, il ne faut pas oublier l'étrange organisation de l'appel sous la loi des 16 et 24 août 1790, et sous la Constitution du 5 fructidor an III (22 août 1795). L'Assemblée Nationale n'avait pas créé de hiérarchie judiciaire ; les tribunaux de district étaient juges d'appel les uns des autres. De la Constitution de 1793, qui les remplaça par des arbitres publics, il est inutile de parler,

car elle ne fut pas appliquée. Celle de l'an III, remplaça les tribunaux de district par des tribunaux de département, mais, comme les premiers, ils étaient juges d'appel les uns des autres.

Avant d'examiner comment fonctionnaient ces tribunaux d'appel, deux remarques sont à faire : d'abord, ils n'offraient au justiciable ni plus ni moins de garanties que le tribunal de première instance, puisqu'ils étaient au même degré et que leurs magistrats étaient soumis au même mode de nomination ; l'unique différence bien minime résultait de la présence d'un 4e juge. (Lois 16-24 août 1790, titre IV, art. 7); en outre, la procédure, pour les saisir comme juges d'appel ou comme juges de première instance était la même. Or, cette procédure, dans dans ses parties essentielles, étant d'ordre public, elle était également observée dans les deux cas. A un moment donné, sous l'influence des idées simplistes de l'époque, le ministère des avoués fut même supprimé. Ces considérations atténuent déjà beaucoup la violation des règles fondamentales de la nouvelle organisation judiciaire. Mais ce qui achève d'expliquer, sinon de justifier la jurisprudence, c'est que les parties avait le choix de leur tribunal d'appel. Sous la loi de 1790, sept tribunaux voisins étaient désignés pour remplir le role de tribunal d'appel de chaque tribunal de district ; sous la constitution de l'an III, trois tribunaux de département voisins remplissaient les mêmes fonctions auprès de chaque tribunal de département. Chacune des parties avait le droit de récuser trois tribunaux de district, plus tard un tribunal de département ; et le tribunal de district ou de département qui n'avait pas été récusé devenait celui d'appel. Au fonds deux plaideurs pouvaient s'entendre pour déterminer d'avance le tribunal auquel ils porteraient l'appel de leur cause ; ils subissaient deux fois le même degré de juridiction plutôt qu'ils ne parcouraient deux degrés de juridiction, s'ils étaient résolus à ne pas se contenter de la sentence des premiers juges, puisqu'ils étaient maîtres du choix des seconds, qui ne leur apportaient, du reste, aucune garantie nouvelle ; la jurisprudence, en leur évitant de se présenter devant les premiers, hâtait la solution de leur litige, diminuait les frais de leur procès, sans briser une hiérarchie, sans violer la procédure introductive des instances, sans enlever aux parties aucune garanties, en un mot, sans violer dans les faits l'ordre public, tout en violentant le texte et l'esprit de la loi. Elle avait pour complice, ou au moins pour excuse, l'organisation judiciaire de l'époque. Les tribunaux, depuis la Constitution de l'an III, ont cru pouvoir perpétuer les mêmes errements, mais peuvent-ils faire valoir à leur appui la même explication ? il n'est pas possible de le soutenir.

III. — *Droit moderne.*

La Constitution du 22 frimaire an VIII, dans son art. 61, rappelle qu'en matière civile il y a deux degrés de juridiction dont l'organisation, la compétence, et le ressort sont déterminés par la loi. Elle confirme donc en termes très larges le nouveau principe d'organisation judiciaire. Dans l'art. 67, elle établit, pour la première fois, depuis l'ancien régime, une hiérarchie entre les tribunaux, il y aura, à l'avenir, des tribunaux de première instance, des tribunaux d'appel au-dessus d'eux et un tribunal de cassation au sommet. A dater de ce moment, la jurisprudence, en matière d'évocation, aurait dû se modifier. Pour respecter le caractère constitutionnel du double degré de juridiction, conformément à la loi de 1790, le tribunal de cassation devait défendre aux parties de porter directement leur litige devant le juge d'appel, car il n'était plus l'égal du juge du premier degré, son choix n'était pas laissé aux plaideurs et la Constitution avait même cherché à entourer la nomination des juges de plus de garanties que pour le tribunal de première instance. Le gouvernement choisissait les membres de ce dernier dans la liste communale sortie du vote des citoyens actifs ; ou dans la liste départementale obtenue par le suffrage des membres des listes communales ; les juges formant les tribunaux d'appel au contraire étaient pris dans la liste départementale (Const. du 22 frim. an VIII. Art.67). Peu importe la valeur exacte de cette supériorité, dans l'idée des auteurs de la Constitution, elle assurait aux justiciables plus de garanties, il fallait respecter le principe dans les décisions judicaires, sinon elles étaient rendues contrairement à l'ordre constitutionnel.

Tel était l'état de choses, lors du depôt du projet de code de procédure en 1806. Les auteur de ce code n'ignoraient ni les abus de l'évocation sous l'ancien régime, ni l'application journalière que faisaient les juges des anciennes ordonnances sur cette matière. Cependant le projet était muet sur l'évocation. Ce silence était bien calculé : à tort ou à raison, les jurisconsultes qui l'avaient élaboré ne voulaient pas que par un texte général il fût possible au juge de porter atteinte au principe de double degré de juridiction. Les travaux préparatoires en fournissent une preuve péremptoire, il y avait dans le projet un art. 464 ainsi conçu : « Si le jugement est confirmé, l'exécution appartiendra au premier juge; s'il est infirmé, elle appartiendra au juge d'appel qui aura prononcé ou au tribunal qu'il désignera.» Au moment de la discussion de cet article qui est devenu l'art. 472 de notre Code, Réal s'éleva énergiquement contre son adoption; il appréhendait de voir revivre les anciennes évocations au moyens de ces infirmations. Regnault de Saint-Jean-d'Angely défendit le projet au nom de l'intérêt des parties et de l'ordre public; il fit remarquer que le texte ne conférait pas en réalité ce droit d'évoquer dont le retour était si redouté. Ce n'est que plus tard que la section de législation proposa ce qui est devenu notre article 473, article ainsi conçu: « Lorsqu'il y aura appel « d'un jugement interlocutoire, si le jugement est « infirmé et que la matière soit disposée à recevoir « une décision définitive, les cours impériales et « autres tribunaux d'appel pourront statuer en « même temps sur le fond définitivement par un « seul et même jugement. Il en sera de même « dans les cas où les Cours impériales ou autres « tribunaux d'appel infirmeraient, soit pour vices « de forme, soit pour toute autre cause, des juge« ments définitifs. »

La section eut beaucoup de peine à faire triompher sa proposition, cependant elle y parvint. Mais dans quel esprit fut-elle proposée et votée? Sans doute, elle rappelle les termes de l'ordonnance de 1667, seulement le mot évoquer ne s'y trouve pas et à dessein. Les observations du tribunat, le rapport du tribun Albisson au corps législatif, l'exposé des motifs présenté à la même chambre par Bigot-Préameneu se défendent, entermes formels, d'avoir entendu, par cette faculté laissée aux juges d'appel, contrevenir au principe des deux degrés de juridiction. « La compétence des juges, déclare Albisson, est de droit public ; il ne leur est pas plus loisible de la restreindre que de l'étendre : d'où il suit qu'une fausse énonciation du premier ou du dernier ressort dans un jugement ne peut ni le soustraire ni le soumettre à l'appel ; et l'on doit s'étonner que la chose ait pu paraître problématique dans quelques tribunaux d'appel. » Plus loin, à propos de notre article 473, il ajoute : « dans ces deux cas, outre l'avantage pour les parties, d'obtenir sur le champ d'un tribunal supérieur une décision définitive qui leur épargnera un nouveau procès, sujet, comme le premier, à deux degrés de juridiction, elles auront déjà essuyé ces deux degrés, et la loi qui les garantit à tous les citoyens n'aura reçu aucune atteinte. S'il est, en effet, évident dans le second cas (infirmation d'un jugement définitif) que le fond de la cause a été déjà discuté devant le tribunal inférieur, cela doit paraître certain dans le premier, car l'interlocutoire ne peut avoir été ordonné, sans avoir été contesté que sous prétexte qu'il était inutile ou non recevable, et ni l'un ni l'autre ne peuvent avoir été soutenus que par le *mérite du fond*, et en alléguant qu'il ne pouvait ni ne devait y être prononcé définitivement sans le secours d'un interlocutoire », Bigot Préameneu n'est pas moins précis : « La loi, dit-il, s'en rapporte à leur sagesse pour décider si dans ce cas (infirmation d'un jugement interlocutoire) il ne serait pas inutile, s'il ne serait même pas préjudiciable de leur faire encore parcourir deux degrés de juridiction. Il doit en être ainsi et à plus forte raison lorsque des jugements d'appel infirment des jugements définitifs, soit pour vices de formes, soit pour toute autre cause et que la matière est réellement disposée à recevoir une décision définitive, puisque, dans ce cas, les premiers juges ayant prononcé sur le fond, déjà deux degrés de juridiction ont été remplis » (Séance du 7 avril 1806. D. *Répert.* t. 15. p. 259 ; *ibid.* t, 4, p. 18. Locré, t. 22, p. 87 et 122). MM. Boncenne et Chauveau font observer avec beaucoup de raison que l'on se serait exprimé de toute autre manière si l'on eût voulu introduire dans l'article une exception si remarquable à la règle des deux degrés de juridiction. Sans doute, en réalité, c'est une véritable évocation au sens qu'elle avait sous l'ancien régime que le législateur de 1806 a consacrée dans l'art 473, mais de ce que dans l'appréciation de son œuvre il se soit trompé, de ce que le but qu'il a atteint ne soit pas celui qu'il poursuivait résulte-t-il pour la jurisprudence le droit de dépasser le but, d'aggraver l'atteinte involontaire faite au principe du double degré de juridiction ? Evidemment non. Dans l'examen de la controverse que soulève la faculté laissée aux parties de porter *de plano* une affaire en appel, faculté que nos tribunaux s'obstinent à déduire de l'art. 473, l'historique et les travaux préparatoires fourniront donc un nouvel et précieux argument pour maintenir à la faculté d'évocation son caractère exceptionnel. Le double degré de juridiction est le droit commun et il n'y peut être dérogé que par un texte formel comme l'est celui dont les conditions d'application vont être déterminées dans cette thèse.

De l'évocation en matière criminelle.

Les évocations en matière criminelle étaient nombreuses dans notre ancienne législation. Cependant M. Faustin Hélie, dans son étude sur l'instruction criminelle, reconnait que leur exercice comportait une réelle réserve (t. 8, p. 97 et s.). Le juge supérieur, saisi de l'appel d'un acte d'instruction ou d'un jugement interlocutoire, n'évoquait que dans deux cas, 1° s'il constatait, par le vu des charges et informations que la matière était légère, ne méritait pas une plus ample instruction et pouvait être jugée en l'état où elle se trouvait ; 2° si l'accusé en faisait la demande soit pour éviter la rigueur d'un décret, soit pour empêcher le jugement des premiers juges dans l'état de l'instruction. Il ressort de là que l'évocation était admise dans l'intérêt des justiciables, mais qu'elle n'entravait en rien la bonne administration de la justice, car le juge ne la pratiquait guère d'office que dans le cas où les affaires étaient légères et lui paraissaient suffisamment instruites. Quant à l'accusé, s'il en faisait la demande, c'était pour éviter la rigueur d'une condamnation et obtenir un complément d'instruction. Dans notre droit moderne, l'évocation est loin d'offrir toujours ces garanties de bonne administration de la justice.

Tout d'abord, aucune loi n'a organisé l'évocation pour les sentences des tribunaux de simple police ni pour les décisions disciplinaires prises par les autorités compétentes contre les officiers ministériels ; à leur égard, il faut appliquer le droit commun, l'art. 473 du Code de procédure civile.

Le législateur ne s'est occupé de l'évocation qu'en matière correctionnelle. Le Code des délits et des peines du 3 brumaire an IV y fait allusion pour la première fois mais pour la proscrire, car il ne reconnait au tribunal criminel du département saisi d'un appel en matière correctionnelle le droit de statuer lui-même définitivement, que s'il annule le jugement pour mal jugé au fond (art. 204). En réalité, dans ce cas exceptionnel, le juge d'appel rendait plutôt son arrêt en vertu de l'acte dévolutif de l'appel, puisque le premier juge avait jugé le fond et épuisé tout le premier degré de juridiction. Ce n'était pas à proprement parler une évocation. Seulement, ce qui prouve bien que le législateur avait en vue l'évocation et la condamnait, ce sont les termes mêmes de l'art. 202 qui ordonnent au juge d'appel le renvoi de l'affaire à un autre tribunal du premier degré, toutes les fois qu'il annule le jugement pour violation ou omission des formes prescrites par la loi et pour incompétence à raison du lieu du délit ou de la résidence du prévenu. Il ne voulait pas d'évocation; il tenait que toute affaire correctionnelle jouit de la garantie du double degré de juridiction. Le principe constitutionnel de la hiérarchie judiciaire était respecté, mais, dans la pratique, il en résultait l'inconvénient de compliquer la procédure par des renvois incessants; car devant le tribunal du même département où le renvoi était fait, le procès recommençait « à partir du plus ancien des actes dans lesquels il s'est trouvé une nullité » (art. 202, C. D. P. brum. an IV). Ainsi, à cette époque, le tribunal correctionnel composé d'un juge du tribunal civil et de deux juges de paix, était saisi soit par la partie plaignante, soit par le directeur du jury d'accusation. Dans ce dernier cas, si l'affaire était annulée pour un vice de forme dans le fonctionnement du jury, il fallait tout recommencer, et cet accusateur public populaire n'a jamais montré grand zèle dans l'exercice de ses fonctions. Il fallait également maintenir tout ce qui était régulier dans la procédure ; alors le second tribunal saisi prenait l'affaire, on peut dire, en cours d'instance. Ce système était compliqué et donnait lieu à une multitude de renvois.

La loi du 29 avril 1806, dans son article 1, a apporté une dérogation formelle à l'art. 202 du code du 3 brumaire an IV, en ce qui concerne les jugements correctionnels annulés par le juge d'appel pour violation ou omission de formes prescrites par la loi. Dans ces cas, le tribunal supérieur doit évoquer et statuer sur le fond. Rien n'est modifié en ce qui concerne les jugements correctionnels réformés par la Cour pour cause d'incompétence, ils sont tous soumis à un renvoi devant un autre tribunal correctionnel. Cette disposition est passée dans notre Code d'instruction criminelle (art. 215).

Deux remarques sont à faire. Il s'agit là d'une véritable évocation, elle simplifie la procédure, mais n'est-elle pas une atteinte au principe du double degré de juridiction ? Comme on le verra plus loin, la jurisprudence a fait de cet article un usage tellement large, que souvent elle supprime en fait l'instruction devant les premiers juges, c'est-à-dire devant ceux qui ont le plus de chance d'être le mieux éclairés, qui offrent au prévenu par conséquent le plus de garanties. Ceci est tellement vrai que les auteurs du Code d'instruction criminelle, pour atténuer les effets de cet inconvénient, ont porté une nouvelle atteinte à la règle constitutionnelle de la hiérarchie judiciaire. Napoléon avait imposé au Conseil d'Etat de respecter cette hiérarchie en matière crimelle. En dépit de l'avis de Treilhard, le projet portait que les appels des tribunaux correctionnels, c'est-à-dire des tribunaux d'Arrondissement seraient portés à la Cour. On lui objectait que l'état des chemins mettrait souvent le prévenu dans l'impossibilité d'y faire comparaître ses témoins, que dès lors son intérêt bien compris en souffrirait. Napoléon répondit qu'il s'agissait là d'affaires d'honneur, que l'honneur prime tout autre intérêt, et que le prévenu trouverait plus de garanties à la Cour que devant un tribunal du même rang que celui ayant rendu le jugement dont il était appel. L'avis du souverain ne prévalut pas, bien qu'il répondit à ses vues unitaires et centralisatrices, et qu'il fût conforme à la constitution de l'an XIII. Sans revenir au système du Code des délits et des peines, on s'arrêta à l'organisation suivante. Chaque cour d'appel jugeait les appels des tribunaux correctionnels du département où elle était établie. Dans les départements où il n'y avait pas de cour, le tribunal du chef-lieu était juge d'appel des tribunaux des arrondissements.

Quant aux appels correctionnels des tribunaux de chefs-lieux de département, ils étaient portés soit à la Cour du ressort, soit au tribunal du Chef-lieu du département voisin, s'il était moins éloigné. Ce système a eu pour lui la consécration de la loi, mais n'est-il pas contraire à notre droit public moderne ? Il est difficile de partager sur ce point l'avis du rapporteur. Voici comment il s'exprime dans l'exposé des motifs : « nous rendons trop de justice aux membres des tribunaux de première instance dont les appels seront portés à d'autre tribunaux aussi de première instance de chefs-lieux de département pour croire qu'ils puissent en être affectés ; tous les fonctionnaires sont établis uniquement pour l'avantage de la société, et on ne peut voir avec regret une dévolution d'appels dont le seul but est de vaincre des difficultés de localités et que d'ailleurs ne détruit en aucune manière l'égalité politique de tous ces tribunaux, puisque le législateur dans l'art. 200 a eu soin de s'en expliquer » (Locré, t. 25, p. 367).

Ces explications, rien moins que péremptoires renferment l'aveu implicite que le double degré de juridiction est d'ordre public, que la hiérarchie judiciaire est d'ordre constitutionnel. Le fait que l'art. 200 défendait aux tribunaux de chefs-lieux de département d'être juges d'appel de leurs jugements respectifs est une affirmation du principe qui ne suffit pas à couvrir sa violation dans le reste du système. Cet ordre de choses a duré jusqu'à la loi du 13 juin 1856 qui a rendu aux Cours d'appel le jugement de tous les appels correctionnels. La crainte de la multiplicité des appels, et par suite de l'encombrement des cours ne s'est pas réalisée dans la pratique. La facilité des moyens de communication était assurée ; rien ne justifiait plus le maintien d'une dérogation aussi grave à notre droit public moderne. L'exposé des motifs de la loi mérite d'être étudié. Il signale que l'ancienne organisation permettait quelquefois aux parties de choisir leur juge d'appel. Ainsi la victime d'un délit, qui se pourvoit par une action civile, avait nécessairement pour juge du second degré une Cour impériale ; au contraire, par l'assignation directe de l'auteur du du délit en police correctionnelle, le tribunal se trouvait saisi accessoirement de l'action civile, et l'appel de la partie lésée pouvait par là être porté à un tribunal de chef-lieu ou devant une Cour, selon les cas. C'était violer, dit le rapporteur, le respect dû à la règle des deux degrés de juridiction. Or, comme il a été dit plus haut, en matière civile, sous le droit intermédiaire, les parties, par leur droit de récusation, arrivaient à choisir leur juge d'appel, et c'est même probablement à cause de cette pratique que la jurisprudence a permis aux plaideurs d'aller *de plano* en appel. Cette jurisprudence a été condamnée par le législateur de 1856 ; il était bon de le rappeler, bien qu'elle se perpétue. M. Nogent St-Laurent, le rapporteur, a critiqué également la différence d'autorité morale des arrêts rendus par les Cours et de ceux rendus par les tribunaux de chefs-lieux de département. Au point de vue de la bonne administration de la justice, ils n'ont pas une égale portée ni aux yeux des magistrats, ni aux yeux du public. Là encore il y a une nouvelle affirmation du caractère d'ordre public des règles concernant l'organisation judiciaire : nos mœurs juridiques sont ici conformes avec le droit public moderne. Notre Cour suprême, comme on le verra dans la suite de cette étude, n'en a pas moins maintenu une jurisprudence contraire.

DE L'ÉVOCATION AUX TERMES DE L'ART. 473 DU CODE DE PROCÉDURE CIVILE

L'art. 473 du Code de procédure civile donne au juge d'appel, saisi de l'appel d'un jugement interlocutoire ou d'un jugement d'incident définitif, la faculté d'évoquer le fond et de le juger, mais à une triple condition :

1° D'infirmer ce jugement dont est appel ;

2° de ne statuer sur le fond que si l'affaire est en état ;

3° Enfin de prononcer sur l'interlocutoire ou l'incident par un seul et même arrêt.

Avant d'examiner ces trois conditions, il importe de bien préciser par les termes mêmes de l'article et au moyen des principes généraux du droit *quel juge jouit de cette faculté* d'évocation et à *quels jugements* elle s'applique. Puis, après avoir discuté le droit que la jurisprudence tire de cette faculté pour le juge d'appel de se saisir de toute cause, sans qu'elle ait subi l'examen du premier degré de juridiction, sous la condition que les parties y consentent, la *sanction à donner* en cas d'inobservation des règles de l'art. 473 sera déduite des principes généraux du droit, dans le silence du Code. Notre étude comprendra ainsi cinq chapitres.

CHAPITRE PREMIER.

DU JUGE QUI A LA FACULTÉ D'ÉVOQUER.

L'art. 473 ne laisse aucun doute à cet égard. la faculté d'évocation est réservée au juge d'appel, au magistrat chargé par la loi de réparer l'injustice dont est entachée la décision du premier juge à raison d'une erreur, d'une irrégularité ou d'une omission. Il aura la compétence de droit commun et devant lui la procédure ordinaire d'appel sera observée, puisque c'est au cours d'une instance du second degré qu'il pourra user de la faculté d'évocation et que la loi sur ces deux points n'a en rien dérogé à la règle générale,

MM. Boncenne et Chauveau ont ainsi formulé le devoir du juge d'appel : il ne peut faire que ce que le premier juge aurait dû faire et n'a pas fait; pouvait-il, le premier juge, trancher la contestation, s'il ne l'a pas fait, le juge d'appel évoquera le fond, et, en cela, il n'enfreindra pas la règle du double degré de juridiction, car le premier a été rempli. Au contraire, le premier juge a rendu une décision, quand il ne pouvait, ou ne devait pas le faire, par exemple, parce que la demande était nulle, si le juge d'appel réforme le jugement en se fondant sur cette nullité, il ne pourra évoquer, car ce qui est nul ne saurait pas plus faire l'objet d'une évocation que le néant. (Dalloz, Rép. t. 15, p. 259). La Cour de cassation de Belgique, dans un arrêt du 14 juin 1883 (Dal. 84, 2, 202) a nettement défendu au tribunal d'appel d'évoquer s'il s'agit d'une affaire pour laquelle il n'est compétent que comme juge du premier degré. Cet arrêt confirme la doctrine de MM. Boncenne et Chauveau, et il a l'avantage de proclamer hautement que l'art. 473 Pr. c. est d'ordre public, malgré la généralité de ses termes.

La jurisprudence française s'est prononcée dans un autre sens sur ce dernier point. Cependant, elle reconnait bien que, pour évoquer, le juge d'appel doit être, d'après la loi, le juge du second degré pour l'affaire en litige. Ainsi notre Cour de cassation a cassé un jugement du tribunal d'Annecy saisi à tort en appel d'une sentence d'un juge de paix, « attendu que sa compétence par voie d'appel ne pouvait avoir plus d'étendue que celle du juge du premier degré ». (Cass. civ. Dal. pér., 1886, 1, 339). Dans une autre affaire, de nature commerciale, un juge de paix s'était à tort déclaré compétent, le tribunal civil a réformé sa décision sur l'exception d'incompétence tirée du caractère commercial du litige, la Cour de cassation a refusé au juge d'appel d'évoquer le fond (Cass. civ., 18 nov. 1890. D. P. 1891, 1, 108). Dans ces deux cas, l'affaire portée devant le juge d'appel n'était de sa compétence qu'en premier ressort. Donc pour user de la faculté d'évoquer, le juge devra être juge d'appel et le juge d'appel compétent dans l'affaire La jurisprudence est du reste établie en ce sens (Cass. 6 juillet 1859, S. 1861, 1. 279 ; — 26 nov. 1873, S. 1874, 1, 475 ; 18 janvier 1875, S. 1875, 1, 160 ; 14 mai 1878, S. 1879, 1, 248).

Ce dernier arrêt formule de la sorte la règle : « La « faculté d'évoquer n'appartient au tribunal d'appel « que lorsque, d'après les lois qui déterminent sa « compétence, il aurait pu juger en dernier ressort la contestation dont il se saisit par l'évocation. »

La qualification donnée par le premier juge à sa sentence ne modifierait nullement cette règle, car elle est basée sur un principe d'ordre public. Il a, à tort, déclaré dans ses considérants qu'il prononçait en premier ressort, tandis qu'il devait juger en dernier ressort, il n'y aura pas lieu à appel, mais à cassation

(Cass. 8 nivôse an VII, S. 1, 1, 185). Mais il faut remarquer qu'avant le Code de procédure la jurisprudence n'était pas ferme sur ce point ; elle avait admis que le jugement qualifié, à tort, en premier ressort pourrait être l'objet d'un appel et conséquemment donner lieu à une évocation (Cass. 7 nivôse an IV. S. 1820, 1, 461). Seulement, à l'époque où ce dernier arrêt fut rendu, il ne faut pas l'oublier, la hiérarchie judiciaire n'existait pas, les tribunaux ordinaires étant juges d'appel les uns des autres. A l'inverse, quand le premier juge qualifie sa décision *en dernier ressort* alors qu'il ne peut la rendre qu'en premier, cette qualification erronée n'ouvre pas la voie de la cassation : elle n'empêche nullement la décision d'être susceptible d'appel, si le juge du second degré en est saisi il peut toujours évoquer conformément à l'art. 473 (art. 453, Pr. civ., Cass. 9 juillet 1812, S. 1813, 1, 47).

La jurisprudence est loin d'appliquer dans toutes ses conséquences la règle d'après laquelle le tribunal d'appel ne peut évoquer que s'il est compétent comme juge du 2e degré ; c'est ainsi que de nombreuses décisions ont déclaré que les juges d'appel peuvent évoquer le fond du procès lorsqu'ils annulent un jugement par lequel un tribunal s'est à tort déclaré incompétent *alors même que la valeur du litige n'excèderait pas le taux du dernier ressort* (1). (En ce sens Montpellier, 17 déc. 1840, S. 1841, 2, 440 et 8 juillet 1843, S. 1844, 2, 645. — Colmar, 4 mai 1841, S. 1841, 2, 695. Orléans, 22 mars 1851, S. 1851, 2, 234. Paris, 29 août 1855 S. 1855, 2, 688 ; Rouen, 22 mars 1859, S. 1862, 2, 28. — Aix, 27 déc. 1860, S. 1861, 2, 221. Nimes, 5 novembre 1863, S. 1863, 2, 256). — Ces décisions se fondent sur les termes généraux de l'art. 473, et sur ce que la Cour, nantie de la plénitude de l'autorité judiciaire et qui peut le plus, peut évidemment le moins. La jurisprudence se réfère toujours à cette idée, fausse du reste à notre avis, que l'évocation est uniquement dans l'intérêt des parties ; elle veut par suite leur éviter les frais et les lenteurs que causerait le renvoi au tribunal compétent. Il est bien évident que cette solution est essentiellement toute de pratique, mais elle viole manifestement la règle formulée ci-dessus et qu'elle applique, et les règles d'ordre public en matière de hierarchie judiciaire. M. Chauveau sur Carré (Quest. 1702 § 8), dit très exactement : « En donnant aux tribunaux d'appel le droit d'évoquer la « loi n'a pas pu leur attribuer le jugement d'autres « causes que celles qui leur appartenaient déjà par

1. Nous verrons plus loin qu'il est admis par une jurisprudence constante que le tribunal d'appel peut évoquer lorsqu'il infirme la 1re sentence pour cause de compétence.

« les lois de leur compétence et qui un peu plus tôt « ou un peu plus tard auraient été portées devant « eux... Ici la cause étant susceptible d'être jugée « par les juges inférieurs en dernier ressort, les ju« ges d'appel ne peuvent connaitre que des difficul« tés qui s'élèvent sur la compétence aux termes de « l'article 454 P. c. le fond doit leur demeurer tou« jours étranger. En le retenant, ils commettraient « un excès de pouvoir car ce ne serait pas, comme « dans les évocations ordinaires, anticiper sur l'exer« cice d'une compétence qui leur appartient, mais « s'en attribuer une qui ne leur appartient pas. » Voir en ce sens Bioche, *Dict. de Proc.* Appel, n° 608 et quelques arrêts : Paris, 26 août 1825, S. V. 1826, 2, 14 ; Douai, 18 nov. 1854, S. 1855, 2, 623.

Si le juge qui évoque appartient au deuxième degré de juridiction et n'use de cette faculté qu'au cours d'une instance en appel, il va de soi qu'il devra, tout comme les parties, se conformer aux règles de procédure imposées par la loi dans l'intérêt général. Le bon sens le commande, mais il sera peut-être utile, pour l'examen de la controverse soulevée à propos de l'art. 473, de rappeler à la jurisprudence qu'elle a récemment affirmé ce principe. La Chambre criminelle de la Cour de cassation a cassé le 17 décembre 1892 (Dall. 1893, 1, 237), une décision d'un tribunal de première instance d'Algérie rendue dans les circonstances suivantes. Il jugeait en appel une sentence d'un juge de paix à compétence étendue nommé en vertu du décret du 19 août 1854. Aux termes de notre loi, les juges d'appel ne peuvent se prononcer que si un rapport a été fait par l'un d'eux sur l'affaire. La Cour de cassation a décidé que cette obligation était imposée même au tribunal de première instance Algérien, dans le cas spécial où il se prononcerait en appel sur une décision qui en France n'aurait pas été de la compétence du juge de paix. Il y avait appel, alors le juge devait assurer aux parties toutes les garanties que comportait le second degré de juridiction, y compris l'examen fait par l'un des magistrats de l'affaire dans un rapport qu'il soumet à ses collègues (I. cr. art. 209). Ce rapport n'ayant pas été produit à l'audience, la Cour de cassation, a cassé l'arrêt d'appel. Malgré son caractère criminel, cette décision de la Cour suprême permet d'affirmer qu'à plus forte raison devant le juge ordinaire d'appel en matière d'évocation, il faut se conformer aux règles du droit commun quant à la procédure.

CHAPITRE II

JUGEMENTS AUXQUELS S'APPLIQUE L'ÉVOCATION.

Lorsque le juge d'appel use de la faculté d'évocation, il substitue sa décision à celle qu'aurait rendue le premier juge. Cela suppose nécessairement qu'il restait quelque chose à juger ; car si la première décision portait sur l'ensemble de la contestation, par l'effet dévolutif de l'appel, le juge du second degré serait appelé à lui substituer une nouvelle décision en vertu de son pouvoir normal, le bon sens l'indique, et la jurisprudence a eu plus d'une fois l'occasion d'affirmer ce principe général (Cas. req. 30 avril 1839, D. Rép. 15, 216). Aix, 22 juin 1892. D. 92, 2, 577). Ce dernier arrêt de la Cour d'Aix, tout récent, déclare formellement qu'un tribunal d'appel, en infirmant pour composition irrégulière du tribunal de première instance, une décision rendue par ce tribunal, ne fait pas une évocation, au vrai sens du mot, quand il lui substitue sa propre décision, car du moment où le fond a été jugé, l'appel le saisit de la connaissance de l'affaire par son effet dévolutif. (Voir également Orléans, 21 juin 1893. Dall. 1894, 2, 417).

L'évocation suppose donc qu'après infirmation d'un jugement interlocutoire ou définitif mais relatif à un incident, le juge d'appel redoute de renvoyer le fond de l'affaire à juger par le magistrat dont il a réformé la sentence, et dans l'intérêt des parties comme dans celui de l'ordre public, il évoque le fond et le juge dans des conditions qui seront examinées plus loin.

Quelle est la nature du jugement dont l'infirmation donne cette faculté au juge du second degré? Tout d'abord il faut écarter le jugement préparatoire à l'occasion duquel l'évocation ne peut être pratiquée, l'art. 473 ne l'autorise que pour les jugements interlocutoires et définitifs ; du reste l'appel d'un jugement préparatoire ne peut être interjeté qu'après le jugement définitif et conjointement avec l'appel de ce jugement (art. 451 P. C.). Cass. 25 juin 1818. D. Rép. t. 15, p. 260.

L'art. 473 parle d'abord des jugements interlocutoires, puis de tous autres jugements définitifs, quelle que soit leur nature. Voici des exemples de divers jugements dont l'infirmation a permis au juge d'appel d'évoquer le fond de l'affaire.

Un jugement à mal à propos admis une demande d'une partie invoquant la péremption de l'instance, il est infirmé; il reste donc quelque chose à juger, quoi qu'en ait décidé le premier juge. Celui d'appel, s'il soupçonne qu'en lui envoyant l'affaire il rapporte à son examen un esprit préconçu, pourra l'évoquer (Cass. req., 27 germinal an XIII, D. Rép. t. 15, p. 263). Si, au contraire, le jugement avait à tort repoussé une demande de péremption, le juge d'appel, en l'infirmant ne pourrait rien évoquer, puisque son arrêt prononcerait la péremption, la fin du procès originaire. Le même raisonnement s'appliquera à toute fin de non-recevoir pourvu que l'exception péremptoire invoquée dans le jugement d'incident n'ait pas cessé d'exister avant que l'arrêt ne soit rendu en appel (Cour de Grenoble, 7 juillet 1827, D. Rép. t. 15, p. 262).

L'évocation a été admise à la suite de l'infirmation d'un jugement d'incident pour cause de nullité. Par exemple, cette nullité résultait de ce que le jugement ne portait pas les noms des juges qui l'avaient rendu (Agen, 30 mars 1808), de ce qu'un des juges n'avait pas assisté à toutes les audiences (Rennes, 17 avril 1812); de ce que la composition du premier tribunal était irrégulière (Metz, 29 juillet 1807, D. Rép. t. 15, p. 264). Sur cet arrêt, MM. Boncenne et Chauveau n'adoptent pas cette manière de voir, car pour eux le juge d'appel ne peut faire que ce que le premier juge aurait dû faire et qu'il n'a pas fait. Par conséquent, lorsque la nullité vient de la composition irrégulière du tribunal, celui-ci ayant fait ce qu'il ne devait pas faire, le juge d'appel ne peut rendre une décision à sa place sans violer la règle des deux degrés de juridiction. (D. Rép. t. 15, p. 259). La jurisprudence, après quelques hésitations, croit pouvoir dégager des termes généraux de l'art. 473 la faculté d'évoquer même si la nullité du jugement provient du fait du premier juge. Dans le sens contraire, on peut citer un arrêt de la Cour de Bourges du 9 janvier 1809 dont les considérants portent que le jugement interlocutoire sujet à annulation pour une cause semblable n'a pas épuisé le premier degré de juridiction (D. Rép., t. 15, p. 266).

Le juge d'appel qui infirme un jugement définitif ou d'incident pour vice de forme a la faculté d'évoquer; avant le Code de procédure, c'était même pour lui une obligation dans ce cas de juger le fond. Comme exemple, on peut citer l'annulation d'un jugement rendu pendant les vacations sur une affaire non sommaire avec la procédure sommaire (Req. 13 juin 1815, D. Rép., t. 15, 264).

Lorsque l'infirmation repose sur la nullité de l'exploit introductif d'instance, il faut faire une distinction; le juge du premier degré avait-il annulé à tort un exploit d'ajournement parfaitement régulier, le juge d'appel pourra, en l'infirmant, évoquer le fond; Voir Syrey, an XI, tome 3, p. 168 et 169; au contraire, le premier juge a-t-il rendu une décision, bien qu'il ait été saisi par un exploit introductif irrégulier, le juge d'appel qui annule le premier jugement ne peut se prononcer sur le fond, car il s'agit ici d'une simple exception préliminaire, et il ne peut pas priver les parties du bénéfice des deux degrés de juridiction (Cour de Bruxelles, 3 février 1812. Cass. 9 octobre 1811. D Rép. t. 15, p. 260). Notre Cour de cassation base son arrêt sur ce que le défendeur originaire ayant simplement attaqué l'exploit, sans conclure au fond, ne saurait pour cela être frappé d'un déni de justice en se voyant privé des deux degrés de juridiction. Dans tous les autres cas où le juge d'appel annule, pour vice de forme, une sentence du premier juge, il peut connaître lui-même du fond de la contestation. (Aix, 2 août 1826, D. R. tome V, p. 16; Colmar 21 avril 1825, D. R. tome 15, p. 264).

Des arrêts contradictoires ont été rendus en cas d'infirmation de jugements provisoires. Après avoir refusé la faculté d'évoquer (Besançon, 13 mars 1806), la jurisprudence l'a, non sans raison, admise d'une façon invariable (Metz, 16 août 1813 D. Rép. t. 15, p. 260), il ne faut pas en effet, prendre les termes « jugements définitifs » de la fin de l'art. 473 comme opposés aux jugements provisoires ; ils ne sont employés que par opposition aux jugements interlocutoires dont parle le premier alinéa.

Au treizième siècle, quand le droit canonique admit la faculté d'évocation pour le juge supérieur, il la réservait aux cas où la première décision était infirmée pour cause d'incompétence. Notre art. 473 est assurément un legs de l'ancien droit, aussi est-il curieux que la doctrine et la jurisprudence aient parfois refusé de l'appliquer, lorsque la première sentence était infirmée pour incompétence. Aujourd'hui, la jurisprudence est revenue à une tout autre opinion, sans que ses dispositifs soient toujours très nets. Seulement, il ne faut pas oublier que le juge d'appel, pour évoquer, doit être lui-même compétent pour connaître de la première affaire, à raison de la nature du litige. Le juge qui évoque est et doit rester le juge naturel de l'appel. La jurisprudence, sous ce rapport, n'a pas toujours respecté les règles de la compétence. Il y a des affaires dont certains chefs sont de la compétence des juges de paix et d'autres de la compétence du tribunal d'arrondissement ; sans aucun doute, si le juge de paix se déclarait compétent pour le tout, le tribunal devant lequel l'appel serait porté devrait connaître du tout ; le juge de paix aurait dû se dessaisir de lui-même ; réciproquement un tribunal régulièrement saisi d'un litige dont certains chefs indivisibles avec le fond de la demande, seraient de la compétence du juge de paix, devra juger le tout. Si l'on considère ces cas comme des évocations, elles sont fondées sur la nature indivisible même des choses ; de nombreux arrêts les ont sanctionnées (Cass. 28 juillet 1873. D. 74. 1, 22. Cass. civ. 28 juillet 1873. S. 1873, 1, 419). La jurisprudence a été plus loin dans cette atteinte aux règles de la compétence absolue. Un tribunal de commerce, qui est absolument incompétent pour les affaires relevant des conseils de prud'hommes, était saisi d'une action à la fois en usurpation de nom pour lequel il était compétent et usurpation de marque pour lequelle seul le conseil de prud'hommes a compétence. Cependant la cour suprême lui a reconnu le droit de statuer sur les deux chefs, non pas en raison de leur indivisibilité, mais parce qu'étant tribunal d'appel des sentences des prud'hommes, sa juridiction absorbe celle de leurs conseils. (Cass. 25 février 1845. Rousseau ; *Compétence des tribunaux de commerce*, n° 89).

Avec une façon aussi large de comprendre les règles de la compétence générale, il était difficile à notre jurisprudence de refuser la faculté d'évoquer au juge d'appel qui infirme un jugement d'incident pour incompétence, pourvu toutefois qu'il ait été rendu dans le ressort de la cour. La doctrine, pour soutenir encore cette théorie, invoque la lettre de l'art. 473 que parle, dans sa première partie, des jugements interlocutoires et dans la seconde de tous autres jugements définitifs. Or, disent les défenseurs de l'opinion contraire, un jugement sur la compétence n'est pas définitif puisqu'il a justement pour but de déterminer qui sera appelé à juger le litige; là gît leur erreur ; car le jugement n'ordonne aucune mesure d'instruction, il ne préjuge pas davantage le fond de l'affaire, il n'est donc point interlocutoire et il ne peut être que définitif. Si le juge d'appel ne pouvait évoquer le fond de l'affaire quand elle lui paraît en état, il lui ferait subir inutilement un troisième degré de juridiction (V. sur ce point; Cass. 2 prairial an 8, S. 1, 2, 246 ; 11 janvier 1809. S. 1809, 1, 95 ; 30 novembre 1814. S. 1815, 1, 246. Cass. 24 août 1819. S. 1820, 1, 106).

Un jugement est rendu par défaut; le défaillant forme opposition, le tribunal rejette purement et simplement sa demande, il en appelle; la Cour, si elle infirme la décision du juge de première instance, pourra évoquer le fond, car le juge, en opposant une fin de non recevoir pure et simple à l'opposition, a laissé le fond à juger, et les termes du Code de procédure sont généraux et toutes les fois que l'on pourra y faire rentrer une décision, le juge d'appel devra avoir la faculté d'évoquer (Req. 24 mars 1824, D. Rép. t. 15, p. 251).

Avant le Code, quiconque intervenait en cause d'appel ne pouvait se faire un motif de cassation de ce qu'il avait été privé d'un gré de juridiction (Rep. 7 messidor an 3. D. Rép. t. 15 p. 274).

La même faculté d'intervenir en appel a été consacrée par notre Code de procédure, mais seulement en faveur de ceux qui peuvent former tierce opposition ; il s'agit là d'une intervention purement volontaire, autrement l'intervention forcée fournirait un moyen de priver un tiers du premier degré de juridiction. Le tribunal d'appel statue souverainement en cas d'intervention non seulement sur la contestation principale mais encore sur tous les incidents, y compris l'intervention. Cela découle des principes généraux de l'organisation judiciaire, il ne peut être à la fois juge du premier et du second degré. Cependant une opinion soutenue par MM. Rodière et Dalloz se refuse à présumer que par elle-même la demande d'intervention emporte le consentement à être jugé en appel ; l'intervenant aurait le droit de réclamer la garantie du double degré de juridiction ; mais alors où serait porté l'appel ? Un arrêt de rejet admet cette doctrine dans le cas où le tiers opposant par action principale à un jugement dont il y a appel, assigné par l'intimé à l'effet d'intervenir devant la Cour comme ayant le même intérêt que l'appelant, comparait et déclare adhérer soit à l'appel, soit aux conclusions de l'appelant, il y a là de sa part une acceptation tacite de la juridiction d'appel, et il ne peut se plaindre de n'avoir eu qu'un degré de juridiction (Rej. 26 juin 1826. D. Rép. T. 15, p. 275).

Toute action en garantie doit subir les deux degrés de juridiction; c'est le principe de notre jurisprudence moderne, et en cela elle déroge à la pratique de l'ancien droit. Les arrêts sont à peu près unanimes en ce sens. Il a bien été décidé qu'un huissier, ayant commis une nullité dans un exploit d'appel, pourrait être cité directement en garantie devant la Cour d'appel (Rennes, 20 février 1828. Grenoble, 12 janvier 1829. D., Rép., t. 15, p. 277), et que le juge du second degré pourrait prononcer contre lui une amende et des dommages-intérêts, s'il ne demandait pas son renvoi devant son juge naturel, parce qu'il avait accepté la juridiction du second degré (Req., 20 juillet 1830, *ibid.*), mais ce sont là des décisions exceptionnelles. La Cour de cassation a cependant jugé qu'en infirmant un jugement qui avait statué sur le fond, le tribunal d'appel avait pu statuer sur la demande en garantie formée pour la première fois devant lui (Rej., 23 mars 1807. D., Rép., t. 15, p. 275). De nombreux arrêts ont, en vertu du même principe, autorisé la Cour à évoquer quand le garant renonce au double degré de juridiction (Cass., 12 août 1818, *Journal des Audiences*, 1818, 1, 624. Cass., 11 février 1819, *ibid.*, 1819, 1, 308.) (Cass., 16 juin 1824. Req. D., Rép., t. 15, p. 278).

L'évocation est admise dans les appels d'ordonnances de référé ; par exemple, quand une Cour saisie de l'appel d'une de ces ordonnances l'annule pour incompétence ; mais il faut que l'arrêt n'excède pas les limites de la compétence de cette Cour (*Journal des Audiences*, 1819, 1, 595). Un Président de tribunal avait accordé par une ordonnance de référé une provision alimentaire à titre provisoire ; la Cour a réformé sa décision pour incompétence et a évoqué en accordant la pension, sans pour cela violer la règle des deux degrés de juridiction (Toulouse, 21 août 1838. D., 1838, 2, 279).

Que décider pour les arrêts infirmatifs des ordonnances rendues sur requête ? Un Président de tribunal autorise l'apposition des scellés sur les livres d'une société par une ordonnance sur requête ; c'est contraire à la loi ; si son ordonnance est réformée, la Cour peut-elle évoquer et ordonner elle-même l'apposition des scellés ? La Cour de cassation l'a admis, mais cette doctrine repose tout entière sur la question de savoir si ce genre d'Ordonnances est susceptible d'appel. Si l'on soutient une opinion contraire, il n'y aura plus possibilité d'évoquer pour le juge du second degré. (Paris, 6 janvier 1866. D., 66, 2, 25. Paris, 23 janvier 1866. D., 1866, 2, 29. Cass., 26 novembre 1867, D., 1867, 1, 473).

En résumé, dans le système de la jurisprudence toutes les décisions de justice ayant le caractère contentieux peuvent, après leur infirmation, donner lieu à l'évocation.

CHAPITRE III

CONDITIONS DE L'ÉVOCATION.

L'évocation est réservée au juge d'appel saisi d'un jugement d'incident, mais alors elle est pour lui une simple faculté ; la Chambre des Requêtes, sous le droit intermédiaire, l'a affirmé nettement dans sont arrêt du 30 frimaire an XI (D., Rép., t. 15, p. 241). Attendu, y est-il dit, « que l'évocation est une faculté et non un droit pour les parties ». Le Code de procédure dans son article 473, est explicite sur ce point, le juge peut évoquer, il n'y est pas obligé, mais il met à cette faculté de droit étroit les conditions suivantes : 1° le jugement dont est appel doit être infirmé ; 2° il n'est statué sur le fond que si l'affaire est en état ; 3° un seul et même arrêt prononce sur l'incident et sur le fond.

§ 1. — *Infirmation d'un jugement incident par le juge d'appel.*

L'historique de la genèse de l'art. 473, établit la nécessité de cette condition. Le législateur moderne ne voulait pas rétablir l'évocation, il ne l'a fait que malgré lui et poussé par les mêmes motifs qui avaient inspiré l'art. 472. S'il craignait de renvoyer les litiges relatifs à l'exécution d'un arrêt infirmant une sentence de première instance au juge qui l'avait rendue, à plus forte raison, devait-il redouter, pour le bon fonctionnement de la justice, de confier fatalement au premier juge le soin de se prononcer dans un sens contraire à sa décision, lorsque celle-ci était infirmée en appel. Dans le cas, au contraire, où le juge du second degré confirme le premier jugement, l'intérêt général n'a rien à souffrir de voir l'affaire revenir devant le juge de première instance; les parties y perdent par les lenteurs et les frais que cela leur occasionne, mais l'évocation n'a pas été maintenue dans nos lois, dans leur seul intérêt (Cass. civ., 21 mars 1893. D. P.. 93, 1, 318).

L'infirmation du jugement d'incident, d'ordinaire, sera formelle, cependant elle pourrait résulter implicitement de l'arrêt lui-même, comme le déclare ce considérant d'un arrêt de rejet de la Chambre des Requêtes de la Cour de cassation du 16 mars 1825, « attendu que les parties avaient respectivement conclu au fond devant la Cour d'appel, et qu'il résulte du disposif de l'arrêt qu'en statuant sur les moyens de droit, elle a infirmé implicitement le jugement des premiers juges qui avaient fait dépendre leur décision de l'événement de l'interlocutoire prononcé le 20 avril 1819, rejette. » (D. Rép., t. 15, p. 247). De même, lorsque la Cour, tout en adoptant les motifs du premier juge, infirme en réalité au profit de l'appelant la décision sur certains points, elle peut évoquer la cause et juger le fond (Cass. Req. rej., 25 novembre 1840), cela dépendra évidemment de la portée de l'infirmation partielle. Ainsi une Cour d'appel ne viole pas la règle des deux degrés de juridiction et n'en impose pas aux parties une troisième quand elle infirme une seule disposition et renvoie les parties devant les premiers juges en confirmant le reste; d'abord la faculté d'évocation n'est jamais pour elle qu'une faculté, puis elle apprécie d'après la valeur du chef infirmé s'il est sage ou non de retenir le fond de la cause (Cass., 10 avril 1811. D. Rép., t. 15, p. 246. Cass. Req., 22 avril 1828. D. Rép., t. 15, 245).

Dans une espèce très intéressante, la cour a évoqué le fond et tout à la fois renvoyé devant le juge compétent. Un étranger demandait l'interdiction de sa femme au tribunal de la Seine et préalablement, comme le veut la loi, la réunion d'un conseil de famille et l'interrogatoire de sa femme. Le tribunal repoussa cette demande pour incompétence à raison de l'extranéité des parties. La Cour de Paris, saisie en appel par le mari, a rendu l'arrêt suivant : « La Cour, considérant qu'en matière personnelle, cette incompétence n'est pas d'ordre public, mais facultative, et ne peut être prononcée que sur la demande du défendeur *in limine litis*, que ces principes s'appliquent à la juridiction de la Chambre du conseil spécialement quand on lui demande une mesure préparatoire d'interdiction comme ici, par ces motifs, évoque, ordonne la convocation du conseil de famille, et l'interrogatoire de la femme, mais renvoie la demande principale au tribunal de la Seine, composé d'autres juges ». Cet arrêt ne viole nullement l'art. 473, il en est une application formelle, car le juge d'appel a jugé tout ce que le premier juge aurait dû et pu juger, avant les mesures d'instruction que le mari lui réclamait. Peut-être pourrait-on dire que la Cour a jugé là en vertu de l'acte dévolutif d'appel, bien qu'elle ait cru devoir qualifier son arrêt d'évocation ; mais ce qui en fait l'intérêt, c'est que la Cour s'est inspirée de l'esprit de garantie d'ordre public qui est la base même de cet article. Suspectant les premiers juges de devoir être influencés par l'infirmation de leur première sentence, elle a commis un de ses conseillers pour procéder à l'interrogatoire de la femme et elle a renvoyé les parties devant une autre chambre du tribunal de la Seine, pour le jugement au fond de l'affaire, après les mesures d'instruction préparatoires. Elle s'est donc préoccupée du bon fonctionnement de la justice en usant de la faculté d'évoquer. Cet arrêt, à ce point de vue, méritera d'être rappelé dans la controverse que soulève l'art. 473 (Paris, 23 avril 1890. D. P. 91, 2, 175).

Tout comme l'infirmation de l'arrêt peut être implicite, de même sa confirmation pourra se déduire de son esprit. Ainsi un arrêt met à néant la décision des premiers juges, mais en fait il confirme leur jugement par l'adoption d'une autre base d'appréciation, il n'est au fond qu'une confirmation de la sentence du premier juge, et la Cour ne pourrait évoquer la cause en s'appuyant sur l'art. 473 (Cass. 10 août 1841, D. Rép., t. 15, 247).

En résumé, la Cour, pour évoquer la cause, doit infirmer le jugement d'incident dont elle est saisie ; il importe peu que cette infirmation soit formelle ou tacite, qu'elle porte sur l'ensemble de la sentence ou sur quelques-uns de ses chefs ; elle apprécie l'importance de l'infirmation quant au litige ; mais jamais un arrêt confirmatif, fût-il infirmatif dans la forme, ne lui donne la faculté d'évocation.

§ 2. — *L'affaire doit être en état.*

Cette condition essentielle imposée par l'art. 473 pr. civ., a été visée par la jurisprudence dans les considérants de nombreux arrêts ; il suffit de citer celui rendu le 20 juin 1845 par la chambre civile de la Cour de cassation où il est dit de cette condition, comme des deux autres, qu'exprimée dans les termes les plus généraux et qui ne présentent aucune équivoque, elles sont « les seules que le législateur ait cru nécessaires pour conserver aux évocations tous leurs avantages et prévenir l'abus qu'on en aurait voulu faire. » (D. Rép., t. 15, p. 265).

La cause sera réputée en état du moment où les parties auront posé des conclusions au fond devant les premiers juges ou devant la Cour d'appel. C'est là une question de fait. Un arrêt du tribunal de cassation du 9 floréal an III exigeait déjà cette condition afin de ne pas priver les parties, malgré elles, du premier degré de juridiction. (D. Rép., t. 15, p. 267). Un arrêt de la Cour suprême postérieur au Code de procédure dit formellement qu'évoquer lorsque le défendeur originaire a simplement attaqué l'exploit d'ajournement sans conclure au fond est de la part du juge d'appel commettre un déni de justice. (Cass. 9 oct. 1811, D. Rép., t. 15, 266).

Il suffit que les parties aient conclu au fond devant le juge d'appel. Cela résulte de nombreux arrêts, par exemple, d'un arrêt de rejet de la chambre des requêtes du 16 mars 1825. (D. Rép. t. 15, p. 247). « Attendu, y est-il dit, que les parties avaient respectivement conclu au fond devant la Cour d'appel ».

Ces conclusions devant les juges d'appel pourront se dégager du fait même de l'appel ; ainsi en première instance les deux parties concluent simplement sur un incident ; le juge rend une décision sur le fond : la partie perdante appelle de ce jugement, il va de soi qu'il y a par le fait même de la procédure d'appel des conclusions sur le fond (Bordeaux, 22 mai 1840, D. Rép., t. 15. 258). De même le tribunal d'appel infirme un jugement comme ayant prononcé sur chose non demandée, il ne pourra évoquer, à moins que, postérieurement au jugement dont est appel et devant la Cour, les parties n'aient conclu sur ce point.

En cas de désaccord sur la question de savoir si les deux parties ont réellement conclu au fond, il sera tranché par les éléments de la cause. Par exemple, un appelant qui n'a pas été représenté devant les premiers juges conclut en appel : à l'inverse, il a bien figuré dans les deux instances, mais il résulte des faits de la cause « que l'appelant, loin de répondre aux conclusions au fond prises par l'intimé, a simplement demandé à la Cour de réformer la décision par laquelle le premier juge s'était déclaré incompétent », par là, il a exprimé fermement sa volonté de ne pas être privé du premier degré de juridiction et il n'y aura pas lieu à évocation (Cass. ch. civile, 21 mars 1893, D. 1893, 1, 318).

Les mêmes principes s'appliqueront pour l'intimé. L'appelant conclut au fond, l'intimé demande purement et simplement le maintien de la sentence, ou bien il demande sa confirmation pure et simple sous réserve de ses droits au fond, le juge d'appel en infirmant le jugement du premier degré ne pourra évoquer le fond ; mais si l'intimé, en appel, s'est borné à demander la confirmation du jugement sans faire aucune réserve de ses droits au fond, et surtout s'il a conclu au fond en 1re instance, il pourra y avoir évocation (Cass. Req. rej. 8 février 1881. D. 82, 1, 40. Cass. Chambre civile 20 août 1885, D. 86, 1, 212). De même, quand l'appelant a conclu au fond en appel et que l'intimé, en appel comme en première instance a conclu au débouté de la demande purement et simplement, il pourra y avoir évocation (Cass. chambre civile, 13 mai 1874, D. 75, 1, 84).

Lorsque la Cour infirme un jugement par défaut, peut-elle évoquer ?

Autrefois, la jurisprudence n'admettait pas que, dans ce cas, l'évocation fût possible. Ainsi, dans ce sens, on peut citer un arrêt de la Cour de Besançon du 13 mars 1806 (D. R. t. 15, 259). De même, un arrêt de la Cour de Bourges du 9 juillet 1807 et un arrêt de la Chambre des Requêtes du 22 novembre 1809 (D. R. t. 15, p. 258). Dans cette dernière affaire, le jugement avait été rendu contre un émigré, un mort civil ; il était nul, et, en proclamant cette nullité, la Cour n'avait pas le droit d'évoquer le fond. Pour justifier cette jurisprudence, on invoquait la nécessité de ne pas priver le défaillant du premier degré de juridiction. Les adversaires répondaient que l'évocation était admise dans l'intérêt des parties et qu'il ne fallait pas qu'elles fussent privées de cet avantage par la mauvaise volonté ou la négligence de l'une d'elles. Cette dernière opinion prévaut aujourd'hui, car de ce qu'une affaire a été jugée par défaut en première instance, il ne s'ensuit pas nécessairement qu'elle ne puisse être en état devant le juge d'appel. Ainsi un commissaire de faillite n'est pas partie dans un procès, devant le tribunal de première instance ; le jugement est rendu, il omet d'y former tierce opposition, l'affaire est portée en appel, et le commissaire y intervient, il ne pourra se plaindre si la Cour évoque le fond, car l'art. 473 pr. civ. est conçu dans les termes les plus généraux (Cass. civ. 21 juin 1825, S. 1826, 1, 301) et il y avait de la part des commissaires renonciation au premier degré de juridiction. La Cour de Grenoble a sans doute refusé l'évocation en annulant un jugement par défaut, qui n'avait pas été joint conformément à l'art. 153 du Code de procédure civile, elle n'a pas considéré que le premier degré de juridiction eût été rempli ; mais il semble bien qu'elle aurait pu le faire si les conditions ordinaires s'étaient présentées, si l'affaire avait été en état, (Grenoble 5 décembre 1890, D. 92, 2, 237).

Dans une autre espèce toute récente, la Cour de

cassation a affirmé de nouveau sa jurisprudence. Un patron avait été rendu civilement responsable d'une condamnation à 1.000 fr. de dommages-intérêts prononcée par un tribunal correctionnel contre son cocher auteur d'un accident ; il avait fait défaut ; il fait opposition, puis ne se présente pas et alors il en est débouté ; il appelle alors des deux jugements ; le ministère public, comme le prévenu, ne se présentent pas devant la Cour, le premier parce qu'il croit la répression suffisante, le second parce qu'il la trouve suffisamment douce (il avait eu deux mois de prison), la Cour évoqua le fond ; le patron porta l'affaire devant la Cour de cassation qui rejeta le pourvoi, attendu que l'affaire était en état. (Cass. crim. 27 décembre 1889. D. 90, 1, 335).

En résumé, le juge d'appel pourra user de la faculté d'évoquer, lorsque l'affaire lui paraîtra en état de recevoir une décision sur le fond, l'usage de cette faculté est laissé à son appréciation souveraine.

3° Le tribunal d'appel doit statuer par un seul et même arrêt sur l'incident et sur le fond

Le droit intermédiaire exigeait déjà cette troisième condition en s'appuyant sur l'ordonnance de 1667. En ce sens, on peut citer deux arrêts de cassation des 24 et 25 décembre 1791. (D. Rép. t. 15, 241). Il a peu variésur ce point. Ainsi on peut citer l'exemple suivant : un tribunal civil ayant annulé sur appel une enquête ordonnée par un juge de paix en matière possessoire, à retenu le fond et ordonné une nouvelle enquête, « attendu, dit un arrêt du tribunal de cassation du 24 ventôse an XI, (Dal. Rep. *ibid.*), que les deux degrés de juridiction ont été remplis, le juge de paix d'Arbois ayant été saisi de la connaissance de la même demande sur laquelle le jugement du tribunal d'Epernay est intervenu. Ici le tribunal de cassation semble plus préoccupé de la règle constitutionnelle des deux degrés de juridiction que des conditions mises d'ordinaire à l'évocation par la jurisprudence, à défaut d'un texte. Malgré le silence de la loi, il était tout naturel d'exiger que le juge d'appel prononçât par un seul arrêt sur l'incident et sur le fond, car l'évocation est accordée en partie dans l'intérêt des plaideurs. Notre article 473 du Code de procédure a consacré cette doctrine dans des termes sensiblement identiques et la jurisprudence l'a confirmée dans une série d'arrêts. Dans l'un deux, du 25 novembre 1818, la Chambre civile de la Cour de cassation s'exprime ainsi » « attendu que contrairement à l'art. 473 Pr. civ., l'incident et le fond ont été jugés par des arrêts différents et à des époques éloignées... ».

Tout récemment encore, la Cour suprême a déclaré nul un jugement de tribunal de première instance qui, infirmant une sentence par laquelle le juge de paix s'est déclaré incompétent, évoque et renvoie à un mois pour être plaidé sur le fond. (Cass. Ch. civ. 24 juillet 1889, D. 90, 1, 264). Enfin dans un arrêt du 22 janvier 1877. (S. 1877, 1, 341), la Cour de cassation a cassé une décision de la Cour de Limoges dans laquelle la Cour, infirmant un jugement par lequel les premiers juges s'étaient déclarés incompétents, avait évoqué le fond, mais avait cru devoir ordonner une expertise préalable. (En ce sens également Cass. 17 mai 1893. D. 1894-1-121).

De ce que le tribunal d'appel doive prononcer, par un seul et même arrêt, sur l'incident et sur le fond, il ne s'ensuit nullement que sa décision ne puisse être précédée de mesures complémentaires d'instruction. Le droit intermédiaire, toujours en invoquant l'ordonnance de 1667, lui a reconnu le droit d'ordonner une instruction préparatoire, par exemple, une expertise, pourvu qu'il ne se prononce, en l'ordonnant, ni sur l'incident, ni sur le fond, qu'il réserve sa décision unique sur ces deux points pour une date ultérieure, quand il se croira suffisamment éclairé et que la cause lui paraîtra en état. Un arrêt du 16 brumaire an XII fait remarquer qu'en cela le tribunal d'appel ne viole nullement la loi constitutionnelle des deux degrés de juridiction : il éclaire sa religion (D. Rép. t. 15, 248). Toute mesure d'instruction pourra donc être prise par lui avant le jugement infirmatif.

Le Code de procédure n'a pas modifié son pouvoir, un arrêt de la chambre des requêtes du 22 décembre 1824 (*ibid.*) le proclame en termes précis il faut, mais il suffit, que le juge d'appel se prononce par un seul et même arrêt sur l'incident et sur le fond. Du moment où il a rempli ce devoir dans la mesure du possible, l'évocation est régulière. La Cour de Paris a ainsi régulièrement évoqué dans une espèce déjà citée. Un italien avait demandé au tribunal de la Seine l'interdiction de sa femme, et, partant, les mesures préparatoires, c'est-à-dire, l'interrogatoire de sa femme et la convocation du Conseil de famille. Le tribunal s'était déclaré incompétent à raison de l'extranéité des parties. La Cour a réformé le jugement parce que la compétence en matière personnelle est relative, puis, évoquant le fond, elle a ordonné la convocation du conseil de famille, et elle a commis un de ses membres pour interroger la femme en sa chambre du Conseil, puis elle a renvoyé les parties devant le tribunal de la Seine composé d'autres juges pour décider de l'interdiction. Elle n'a pas violé l'art. 473, car, par un seul et même arrêt, elle a jugé tout ce qui était en état, elle a fait ce que le premier juge aurait pu et dû faire sur le champ, et elle lui a renvoyé le soin de prononcer un jugement sur le résultat des deux mesures préparatoires, jugement qui n'aurait pas pu être rendu immédiatement (Paris, 25 avril 1890. D. 91, 2, 175.

La troisième condition imposée par l'art. 473 au tribunal d'appel pour user de la faculté d'évocation peut se résumer ainsi : au moment où il prononce sur l'incident porté en appel, il doit juger le fond par le même arrêt.

CHAPITRE IV

LES CONDITIONS IMPOSÉES PAR L'ART. 473 POUR USER DE LA FACULTÉ D'ÉVOCATION SONT-ELLES DE DROIT ÉTROIT ?

La question de savoir si l'on peut évoquer en dérogeant à l'art. 473 pr. c. se rattache à la nature même du principe sur lequel repose l'organisation judiciaire. Le nombre des degrés de juridiction pourra ne pas être respecté par les parties, s'il n'est point d'ordre public.

L'historique de l'article prouve bien qu'il est de droit étroit et que partant il n'est point loisible aux parties de l'étendre au delà des limites imposées par le Code.

D'abord tout ce qui touche à la hiérarchie judiciaire est *d'ordre constitutionnel,* pour employer les termes mêmes de la loi des 16-24 août 1790, dont le texte a déjà été cité. Or personne n'a le droit de violer la constitution en principe ; puis, pour ce qui est des évocations, l'auteur de cette loi a pris soin de déclarer que seul le pouvoir législatif aurait le droit d'autoriser des évocations et toute atteinte au double degré de juridiction (t. 2, art. 17). Il a rappelé la même prescription dans la loi des 6-7 septembre 1790 (art. 14), où il est dit, sont abolis : « les *committimus,* les lettres de garde gardienne », etc. ; le même jour, il autorise formellement « les juges de district à juger en premier et dernier ressort les actions civiles relatives à la perception des impôts indirects » (loi 6-7 et 11 septembre 1790). Le droit est donc bien fixé, il a reçu déjà une application. Il n'y a pas alors de Code de procédure. Les magistrats, peut-être par un souvenir de l'ancien droit qu'ils appliquent chaque jour, en arrivent bientôt à reconnaître aux parties le droit de consentir à être jugées en premier et dernier ressort par le tribunal du second degré, qui fait une véritable évocation.

(Tribunal de Cass. 9 floréal an III, D. Rép. t 15, p. 267). Cette jurisprudence, comme il a été expliqué dans l'historique, n'avait pas, en fait, d'autre inconvénient que celui de violer ouvertement un texte de loi, car le résultat pour les plaideurs était le même que si les parties avaient parcouru les deux degrés de juridiction ; le tribunal d'appel, jusqu'en l'an VIII était simplement un autre tribunal du premier degré auquel était adjoint un 4e magistrat ; bien plus les plaideurs, par le droit de récusation concouraient à son choix ; il leur suffisait même d'être d'accord, pour choisir leur juge d'appel, et quand ils allaient directement devant lui, ils ne faisaient que gagner du temps. La hiérarchie judiciaire n'existait que de nom, aucun tribunal n'était à un degré supérieur à l'autre. Cependant si par une organisation défectueuse de la justice, le législateur n'avait pas atteint son but, de supprimer l'évocation, il n'en tenait pas moins au principe ; il entendait toujours que le nombre des degrés de juridiction était d'ordre constitutionnel et qu'une loi seule pouvait y porter atteinte. Autrement, lui qui n'ignorait pas la pratique que les tribunaux faisaient de l'évocation, il n'aurait nullement éprouvé le besoin, dans la loi du 22 frimaire an VII, de déclarer que le tribunal de département, appelé à se prononcer sur les litiges provoqués par l'enregistrement, le ferait en premier et dernier ressort (art. 65). Il condamnait par là virtuellement la jurisprudence. L'année suivante, il organisa une hiérarchie véritable entre les différents degrés, en entourant la nomination du juge d'appel de plus de garanties. Dès lors, l'abus devint criant, l'évocation prit, dans les faits, le caractère de violation de la loi qu'elle n'avait que dans son esprit. Les législateurs, au nom de l'ordre public et de la bonne organisation de la justice, n'en continuaient pas moins à la redouter. Ils ne voulaient pas la rétablir. Les travaux préparatoires en font foi. Lorsque l'art. 472 vint en discussion, plusieurs d'entre eux crurent entrevoir le retour de l'évocation dans le droit donné à une Cour d'appel qui infirme un jugement de connaître des difficultés d'exécution de son arrêt, quand elle n'en renvoie pas la solution à un autre tribunal. Il fallut, pour les décider à voter cet article, leur démontrer qu'une raison d'ordre public l'avait inspiré : un juge dont la sentence est infirmée peut ne pas se montrer zélé pour assurer l'exécution de l'arrêt qui la remplace. Après bien des efforts, l'on parvint, au nom des mêmes motifs, à introduire dans le Code ce qui est devenu notre article 473, mais les législateurs évitèrent de prononcer le mot d'évocation, et même ils soutinrent cette opinion qu'il n'y avait pas là une véritable dérogation au principe des deux degrés de juridiction. Il est difficile de partager leur avis, car si l'interlocutoire préjuge le fond, il ne le juge pas, et le premier degré de juridiction n'est vraiment épuisé que par une sentence; par conséquent, lorsque cet interlocutoire est infirmé, il n'est pas absolument exact de dire que l'affaire portée en appel a déjà subi le premier degré de juridiction; en cas d'infirmation de tout autre jugement d'incident, à plus forte raison, est-il difficile de soutenir que les premiers juges ont rempli leur fonction à l'égard du fond du procès. L'art. 473 a certainement trahi la pensée de ses auteurs, il a été plus loin que ceux-ci ne le voulaient. Il semblerait alors que les tribunaux ne devraient pas aggraver une situation toute de surprise, non voulue par le législateur et qu'il s'est défendu de vouloir créer par respect pour l'ordre public moderne. Il n'en est malheureusement rien, et leur pratique trouve dans la doctrine d'ardents défenseurs.

Avant d'aborder la controverse, il importe de dégager un point sur lequel il n'y a pas de désaccord. La jurisprudence n'a jamais autorisé les parties à augmenter le nombre des degrés de juridiction. Cela résulte d'une série de jugements et d'arrêts, basés sur l'ordre public et sur la loi de 1790. (Cassation, 19 nivôse an IX. S. 1801, 1, 286. Cass. 22 messidor, an XII. Sirey, 1804, 2, 156. Cass. 1er avril 1807, D. Rép. t. 15, 266. Cass. 19 octobre 1808, Sirey, 1810, t. 1, p. 116. Cass. 10 avril 1811, D.

Rép. t. 15. 246. Req. Cass. 22 avril 1828, *ibid.* p. 245). Si le nombre des degrés de juridiction est d'ordre public quand il s'agit de l'augmenter, il est assez étrange qu'il perde ce caractère du moment où les parties consentent à le diminuer. Cependant la jurisprudence l'admet, soit quand les conditions exigées par l'art. 473 ne sont pas toutes remplies, soit même pour porter *de plano* une affaire devant le juge d'appel. Voici en quels termes elle affirme sa théorie : « il peut être dérogé par la volonté des parties aux lois qui établissent deux degrés de juridiction » (Cass. 18 août 1818. S. 1819, 1. 33. En ce sens également. Cass. 9 juillet 1830, S. 1831, 1, 56. Montpellier 20 février 1893, Dall. 1894, 2, 12), « lorsqu'il n'y a pas lieu à appel, si les parties procèdent volontairement devant le second degré de juridiction, leur consentement couvre l'incompétence ». Cass. 30 juillet 1828, S. 1829, 1, 61). « Une cour d'appel devient compétente pour statuer sur une contestation que les premiers juges auraient dû décider en dernier ressort, par cela seul que les parties plaident au fond devant elle sans opposer son incompétence ». (Cass. 7 mai 1829. S. 29, 1, 179. D. 1829, 1, 240), elles ont par là prorogé la juridiction de la Cour.

Une Cour évoque illégalement le fond par un arrêt infirmatif, la Cour suprême déclare que « si les parties exécutent volontairement cette décision en concluant ou plaidant au fond devant cette Cour sans réserves, ni protestation, elles sont non recevables à présenter plus tard, comme moyen de cassation, la violation de la règle des deux degrés de juridiction (Cass., 4 février 1829. S., 1831, 1, 56). Bien plus un arrêt tout récent admet la même doctrine quand une Cour confirme un jugement et évoque le fond, pourvu que des faits de la cause, il résulte bien que les deux parties ont pris des conclusions au fond et ont implicitement renoncé au premier degré de juridiction (Cass. civ., 21 mars 1893. D., 1893, 1, 318).

Pour appuyer ses affirmations, la jurisprudence invoque tout d'abord les motifs de l'art. 473. Selon elle, il a été fait uniquement dans l'intérêt des parties. Oui et non ; sans doute un plaideur a intérêt à ne pas être forcément renvoyé devant un juge dont il a fait infirmer la décision ; mais l'ordre public est tout autant intéressé à ce qu'un pareil fait ne se produise pas; c'est la raison qui, après des hésitations, a fait admettre l'évocation dont les auteurs du Code ne voulaient à aucun prix ; comme le dit M. Glasson dans son étude sur la compétence absolue (*Revue critique de législation*, 30e année, nouvelle série, t. 10), il est impossible de séparer l'art. 473 de l'art. 472, il n'a été admis que par les motifs de celui qui le précède, et il est imposé à son application des conditions rigoureuses de droit étroit. Si le désir d'éviter des frais et des lenteurs aux parties avait seul inspiré le législateur, il aurait certainement autorisé l'évocation dans le cas où le juge d'appel confirme un jugement d'incident.

Une autre raison est tirée par analogie du droit des parties de renoncer à l'appel. Cette renonciation peut résulter des faits; par exemple, le jugement a été signifié sans réserve d'appel, ou le délai pour appeler est expiré sans que cette faculté ait été utilisée. Les plaideurs peuvent même renoncer à l'appel avant le jugement. Nos Codes ont plusieurs fois consacré ce droit; par exemple pour les décisions de juges de paix (art. 7, Pr. civ.), pour les jugements des tribunaux de commerce (art. 639, C. c.), et pour les sentences arbitrales (art. 1010, Pr. civ.).

La doctrine et la jurisprudence en ont conclu que la renonciation à l'appel avant tout jugement n'était pas contraire à l'ordre public. Pourquoi alors dénier le même caractère au fait de renoncer au premier degré de juridiction? Ne semble-t-il pas, au contraire, qu'à plus forte raison il doit être permis de renoncer à la décison du juge inférieur, pour porter l'affaire devant le juge supérieur, un magistrat plus éclairé qui, en définitive, jugera l'affaire en second ressort? L'analogie n'est qu'apparente. En premier lieu, personne n'est obligé de plaider devant aucun tribunal du premier degré; si la justice parait trop lente et trop coûteuse, les parties ont la ressource de l'arbitrage. De plus, elles ne doivent, pour les affaires d'une certaine importance, se présenter devant le tribunal qu'après une tentative de conciliation. La loi tend donc à éloigner les plaideurs de ses tribunaux, mais s'ils ne peuvent ni s'entendre, ni se mettre d'accord pour soumettre leur différend aux arbitres, ils doivent subir l'organisation judiciaire, telle que la loi a cru devoir l'établir dans l'intérêt de tous. L'argument tiré du droit de renoncer à l'appel n'a aucune portée. Il n'est pas plus normal de se présenter *de plano* devant le juge du second degré que de vouloir parvenir au second étage d'un édifice sans emprunter les degrés qui conduisent au premier. A tort ou à raison, depuis 1790, dans l'esprit de la loi ; depuis l'an VIII, dans la réalité des choses, notre hiérarchie judiciaire se compose de plusieurs échelons ; il faut franchir le premier pour arriver au second ; les intervertir, c'est renverser l'édifice ; or les tribunaux sont faits pour assurer le respect de la Constitution et non pour travailler à l'ébranler. Le plaideur qui renonce d'avance à l'appel et se contente de la décision des premiers juges, fait un véritable compromis, si l'on peut s'exprimer ainsi ; il choisit pour arbitres les membres d'un tribunal comme étant plus éclairés que des arbitres ordinaires, avec l'assistance du ministère public, et dont la décision aura, par elle-même, des garanties qu'il lui faudrait demander à la justice pour une décision arbitrale ordinaire.

L'opinion contraire à la doctrine comme à la pratique constante de nos Cours a pour elle l'historique des textes et même des arrêts.

Tout d'abord, l'on ne saurait trop le répéter, si la loi des 16-24 août 1790, était lettre morte, pourquoi le législateur, qui n'ignorait point la pratique des tribunaux sous le droit intermédiaire, aurait-il pris la peine d'autoriser par des textes formels les juges du premier degré à juger en dernier ressort les affaires de contributions indirectes et d'enregisment ? il se serait donné une peine inutile.

Lors du vote du Code de procédure, la hiérarchie existait depuis un certain nombre d'années d'une façon sérieuse. Pourquoi son article 464 défend il, en appel, d'introduire des demandes nouvelles, si, du consentement des parties, il peut y être porté un procès tout entier ? Cette prohition est édictée dans le titre où figure la faculté d'évocation ; le législateur n'a pas cru organiser en réalité cette évocation, il l'a entourée d'une série de conditions; s'il était loisible de les enfreindre, quel sens aurait l'art. 464 ? Les termes mêmes de l'art. 473 condamnent le système opposé. Il suppose que l'évocation sera toujours ordonnée par le tribunal d'appel, puisqu'elle n'est pour lui qu'une faculté. Où est le texte qui corrobore cette faculté par le droit des parties de la demander? Un arrêt de la Chambre des requêtes du 30 frimaire an XI reconnaît bien qu'elle est une faculté pour le juge et non un droit pour les parties (D. Rép., t. 15, p. 241). Le juge d'appel, dit-on, pourra toujours refuser de se prononcer sur un litige porté *de plano* devant lui. Non, ce serait de sa part manquer de respect à la loi qui est formelle, et porter atteinte au prestige de l'ordre judiciaire; sa compétence ne peut raisonnablement pas être à la merci de ses caprices. Du reste pour se présenter devant un juge, la loi a imposé aux plaideurs des formes dont quelques-unes sont absolument essentielles. Sous le droit intermédiaire, quand les tribunaux de première instance étaient juges d'appel les uns des autres, il n'y avait pas d'inconvénient, au point de vue de la procédure introductive de l'instance, à supprimer un degré de juridiction, le juge était toujours régulièrement saisi. Aujourd'hui il serait difficile d'obtenir le même résultat, l'acte d'appel est toute autre chose que l'exploit d'ajournement, et la jurisprudence, dans ses affirmations gratuites, s'est bien gardée de s'expliquer sur ce point capital : comment légalement engager l'affaire directement devant le juge d'appel. Même en matière d'évocation, elle se montre, d'autre part, très soucieuse des formes. Il suffit de rappeler ce jugement rendu par un tribunal d'Algérie, jugeant en appel une décision d'un juge de paix à compétence absolue, et qui a été cassé pour violation d'une des formes essentielles à la procédure d'appel (Cass. crim., 17 décembre 1892. D., 93, 1, 237). Si les règles doivent en être observées au cours de l'instance, il est tout naturel de les respecter pour l'engager. Il y a donc une réelle incohérence dans la pratique de notre jurisprudence. La contradiction éclate même dans le principe qu'elle tend à faire prévaloir. Ainsi pour ce qui concerne les juges de paix, elle doit reconnaitre au tribunal de première instance la faculté d'évoquer dans le sens large où elle interprète l'art. 473 ; il devra pouvoir *de plano* juger une affaire de la compétence de la justice de paix ; à côté de cela, elle a une tendance à augmenter en matière mobilière, le chiffre de cette compétence, pourvu que les parties soient d'accord et cela contrairement au texte formel de la loi. Il lui faut reprendre, d'une part, ce qu'elle accorde de l'autre.

Enfin une remarque est à faire. Chaque fois que le législateur a confié à un juge le droit de juger en premier et dernier ressort, il a élevé le juge du premier degré au rang de juge d'appel. Jamais il n'a fait descendre celui-ci au rang de juge inférieur.

Quand il applique les art. 472 et 473 pr. civ., il

ne le fait que parce qu'il est régulièrement saisi comme juge d'appel; en matière criminelle, s'il est appelé à juger correctionnellement en premier et dernier ressort, c'est à raison de la haute situation des parties. La loi l'a placé à un rang qu'elle considère comme élevé, il ne doit pas en descendre même du consentement des parties. Il doit à la justice et à soi-même de respecter sa situation dans la hiérarchie judiciaire. La Cour de cassation de Belgique est mieux pénétrée de ce devoir, car dans son arrêt du 14 juin 1883, elle a déclaré formellement que l'art. 173 était d'ordre public (D. 1884, II, p. 202). Cf. note de M. Glasson. Notre savant maître y a puisé un nouvel argument en faveur de sa théorie sur la compétence absolue. En cela, il est d'accord avec un arrêt déjà ancien de la Cour de Paris (Paris, 2 février 1861. D. 1862, 2, 49 et S. 62, 2, 257). La doctrine de notre jurisprudence n'est pas sans offrir des contradictions; et la décision dont il s'agit mérite d'autant plus d'être citée qu'elle résume tous les arguments à l'appui du système de notre Cour de cassation. Un tribunal avait accepté d'être en corps arbitre d'un litige, une fois l'ordonnance d'exéquatur donnée par le Président à cette décision arbitrale les parties ne se sont plus entendues pour le règlement de leur compromis; appel fut interjeté: l'appelant soutenait que le compromis qui avait désigné le tribunal pour arbitre était nul comme contraire à l'ordre public qui ne permet pas à un tribunal institué par la loi de se constituer en tribunal arbitral -- l'intimé opposait que les ordonnances d'exéquatur ne sont pas susceptibles d'appel. Plusieurs des considérants de l'arrêt infirmatif doivent être reproduits en entier : « considérant, dit la Cour de Paris, que s'il était permis aux tribunaux de descendre de leur siège, et de substituer à leur gré et suivant le désir de leur justiciable, au mandat qu'ils ont reçu de la puissance du souverain, celui qu'ils tiendraient de la volonté des parties, il en résulterait bientôt l'abandon des formes protectrices de la loi, l'interversion de l'ordre des juridictions, et une atteinte profonde portée à la dignité de la magistrature ». A cela, il n'y a rien à ajouter. Du reste, l'avocat général, M. Oscar de Vallée avait lui-même posé les vrais principes de notre droit moderne dans ses conclusions. A propos de l'interprétation des textes, il s'exprimait ainsi : « les principes généraux et d'ordre public parlent plus haut qu'un texte. Depuis, quand est-il nécessaire de défendre expressément à un mandataire public de devenir mandataire privé pour l'accomplissement de ce mandat public? Est-ce que le législateur a pu prévoir qu'un tribunal méconnaîtrait jamais le caractère de sa fonction et la limite de ses droits? est-ce qu'il a dû exprimer sa prévision dans un texte? Non, mais en analysant le pouvoir, la fonction, les devoirs d'un tribunal, ou découvre une prohibition plus absolue que celles qui sont écrites ». La Cour de cassation avait déjà dénié à un tribunal en corps le droit de rendre des sentences arbitrales (Rej. 30 août 1813, D. A. 1813, 1, 683). Il est fâcheux qu'elle ne se livre pas, en matière d'évocation, à cette analyse dont parlait M. Oscar de Vallée, elle assurerait mieux le respect des règles de notre organisation judiciaire, non seulement en matière civile, mais encore ne matière correctionnelle, comme le prouvera la seconde partie de cette étude.

CHAPITRE V

SANCTION DES RÈGLES DE L'ART. 473.

La jurisprudence autorisant le juge d'appel, lorsque les parties sont d'accord pour le faire, à évoquer sans subir les conditions exigées par la loi, l'étude de la sanction de leur omission perd beaucoup de sa valeur. Une décision rendue en appel dans ces conditions ne sera déférée au juge supérieur qu'en cas de désaccord entre les parties, puisque leur acquiescement couvre toutes les erreurs du juge. A qui alors devra être déférée une sentence rendue contrairement à l'art. 473 ? Dans le silence du Code, la réponse à cette question se déduira des principes généraux du droit. La solution dépend de la nature du jugement ou de l'arrêt évocatoire. S'il a été rendu par un tribunal dans une affaire dans laquelle il n'était compétent qu'en premier ressort, il sera déféré à la Cour qui l'annulera pour vice de formes. Si au contraire le jugement était en premier et dernier ressort, ou s'il s'agit d'un arrêt d'une Cour d'appel, ils seront déférés à la Cour de cassation qui les cassera pour la violation de la loi (D. P. 1884, 2, 202, note de M. Glasson).

DE L'ÉVOCATION EN MATIÈRE CRIMINELLE.

Il y a tout d'abord deux séries de décision répressives qu'il faut écarter de la présente étude, parce qu'elles sont soumises, en matière d'évocation, aux conditions de l'art. 473 du Code de procédure civile, le législateur n'ayant édicté de règles que pour l'évocation en matière correctionnelle. Il s'agit des décisions des conseils de discipline et des sentences des tribunaux de simple police.

Les premières ne font pas à proprement parler, partie de notre droit pénal ; elles sont généralement prononcées par des autorités n'ayant le caractère judiciaire qu'à l'égard des membres d'une même corporation ; sans doute, elles sont afflictives, car elles atteignent des coupables dans l'exercice de leurs fonctions et même dans leurs intérêt matériels ; mais il peut arriver qu'elles n'entachent en rien l'honneur au point de vue social. Ainsi un avocat a pu être rayé du tableau, parce que sa femme exerçait un commerce de détail dans des conditions telles que la clientèle du mari, obligée de traverser la boutique pour accéder au cabinet de l'avocat y subissait le contact de la clientèle de la femme. Le conseil de l'ordre a vu là une atteinte à l'honneur professionnel, mais pour le public l'avocat est resté un parfait honnête homme.

Toute décision d'un conseil de discipline portée en appel, quand elle sera infirmée, donnera à la Cour la faculté d'évoquer conformément à l'art. 473 du Code de procédure : ici l'art. 215 du Code d'instruction criminelle ne serait pas applicable.

Un notaire, accusé d'abus de confiance, est suspendu pour deux mois, par le tribunal, en chambre du conseil. Il en appelle. La Cour d'Amiens réforme pour incompétence la suspension prononcée par le tribunal de Montdidier en chambre du Conseil, mais, par le même arrêt, elle évoque l'affaire et elle prononce la suspension du notaire. Celui-ci se pourvoit en cassation ; il soutient que les questions disciplinaires sont de droit criminel, et qu'alors l'art. 215 du Code d'instruction criminelle a été violé, car il refuse à la Cour le droit d'évoquer, quand elle infirme une décision pénale à raison de l'incompétence. Dans son arrêt du 6 janvier 1835, la Cour suprême a rejeté cette prétention en termes formels. (*Journal des audiences*, 1835, 1, 86).

La Cour de Caen, par un arrêt du 8 janvier 1830,

s'était prononcée dans le même sens ; il s'agissait d'une décision dans laquelle les formes prescrites n'avaient pas été respectées par le conseil de discipline (*Journal des audiences*, 1830, 1, 288). De même, dans le cas de cet avocat d'Orléans, rayé du tableau à cause du commerce de sa femme, la Cour a évoqué, après avoir avoir annulé la décision disciplinaire à raison de ce que la composition du conseil était irrégulière (Orléans, 19 avril 1845, D. 1847, 2, 9).

Il ne faut pas voir une contradiction à cette doctrine dans un arrêt de la Cour de Grenoble du 7 juillet 1827. Un avocat, au cours de sa plaidoirie, lance une parole jugée malhonnête par le Président, le tribunal le frappe, trois jours après, d'une peine disciplinaire, sans entendre le bâtonnier et sans qu'il ait pu présenter sa défense. La Cour, en réformant le jugement n'a pas évoqué le fond, mais, en cela, elle s'est conformée au droit commun, d'abord parce que l'évocation, aux termes de l'art. 473. Pr. civ., est une simple faculté ; puis elle ne s'exerce que si l'affaire est en état et la Cour n'a pas jugé qu'il en fût ainsi (D. 1828, 2, 13 ; S. 1828, 2, 62).

En matière disciplinaire, le droit d'évocation appartient au juge d'appel qui infirme une décision de première instance, mais il faut qu'il exerce ce droit sans porter atteinte aux pouvoirs des magistrats inférieurs. Cela résulte d'un arrêt de la Cour de Paris du 30 janvier 1860 (D. 1860, 1, 49). Deux plaideurs se disputaient devant elle le bénéfice à retirer de la taxe des honoraires dûs à un notaire pour la vente d'un immeuble ; la Cour, en infirmant le jugement de 1re instance au profit du vendeur s'est gardé d'évoquer le fond et de commettre un de ses membres pour procéder à la taxe, parce que, dans notre loi, le Président du tribunal de l'arrondissement du notaire a seul qualité pour taxer les honoraires de ce dernier. (S. 1860, 2, 97).

La seconde catégorie des décisions répressives soumises, quant à l'évocation à l'art. 473 du Code de procédure civile, comprend toutes les sentences des tribunaux de simple police. Cela résulte de ce que le législateur n'a pas émis de règle spéciale sur la matière. Dalloz, dans son supplément de jurisprudence générale, rappelle ce principe, et des arrêts de la Cour suprême l'ont formellement consacré, notamment ceux du 26 août 1853 (D. 1853, 1, 277), et du 3 février 1888 (D. cass. crim. 1889, 1, 48). (*Jurisprudence générale*, supplément. *Appel en matière criminelle*, n° 98).

Evocation des jugements des tribunaux correctionnels.

I. — *Quel juge peut évoquer ?*

Le droit d'évoquer appartient au juge d'appel seul. Avant la loi de 1856, il était exercé, concurremment par les cours et par les tribunaux de chefs-lieux de départements qui étaient investis de la juridiction du second degré en matière correctionnelle. Aujourd'hui les cours d'appel sont entrées dans la pleine possession de leur souveraineté. Elles seules peuvent pratiquer l'évocation, mais à la condition d'être régulièrement saisies comme juges d'appel et dans les limites de leur propre ressort.

II. — *Jugements susceptibles d'évocation.*

L'art. 215 du Code d'inst. crim. est ainsi conçu : « si le jugement est annulé pour violation ou omission non réparées de formes prescrites par la loi à peine de nullité, la Cour statuera sur le fond. » D'autre part, l'art. 1er de la loi du 29 avril 1806 considéré comme toujours en vigueur, s'exprime de la façon suivante : « lorsque sur l'appel d'un jugement définitif en matière correctionnel, la Cour de justice criminelle en prononcera la nullité pour violation ou omission de formes prescrites par la loi, ladite cour statuera sur le fond ; il est quant à ce dérogé à l'art. 202 du Code des délits et des peines du 3 brumaire an IV. La disposition de cet article relative à l'annulation des jugements pour cause d'incompétence continuera de recevoir son exécution ».

Ces deux textes servent de base au système de la jurisprudence en matière d'évocation correctionnelle, mais ils ne s'expliquent pas sur la matière du jugement. S'agit-il d'un jugement sur le fond entaché d'un vice de forme, il n'y a aucune difficulté, car le premier juge s'est dessaisi de tout le procès et le second juge régulièrement saisi par l'effet dévolutif de l'appel ne pourrait déléguer le soin de juger à un autre. Parmi les exemples que l'on peut citer, ce serait le cas de jugements annulés parce que les témoins n'ont pas prêté serment, parce que le tribunal était irrégulièrement composé, etc. Mais la jurisprudence admet pour le juge du second degré le droit d'évoquer, quand il annule un jugement du tribunal correctionnel qui, sans aborder le fond, s'est arrêté à une exception, à un incident d'audience. Par exemple un procès-verbal constatait un délit de chasse compliqué de menaces de mort. Pour ce dernier délit il ne faisait foi que jusqu'à preuve contraire (art. 154 *in fine* I. C.) Le tribunal correctionnel refusa d'admettre le témoignage offert par le prévenu : celui-ci en appela, et le juge d'appel en infirmant le jugement sur l'incident n'évoqua pas, à tort, dit la Cour suprême. (Cass. 6 juin 1844, *Bulletin* n° 196). Dans un arrêt tout récent, la Cour de Bastia déclare que l'art. 215 du Code d'inst. crim. n'est pas limitatif, que le mot jugement s'applique tout aussi bien à un jugement d'incident qu'à celui sur le fond (Bastia, 10 fév. 1892, D. 1892, 2, 397).

Cette doctrine simplifie assurément la procédure ; seulement, elle a l'inconvénient de supprimer la première instruction, celle qui peut le mieux éclairer le juge ; cet inconvénient s'est aggravé depuis 1856. Ainsi, dans l'hypothèse où le juge d'appel prononce l'annulation d'un jugement incident qui a accordé un sursis, la jurisprudence le considère comme saisi du fond ; en réalité, c'est contestable. De plus, il peut ne pas avoir les moyens d'apprécier le fond d'une manière sérieuse : le premier juge n'en a peut-être fait aucun examen. Alors ces fameuses notes d'audience que le greffier doit tenir, aux termes de notre Code d'inst. crim., sont muettes sur le fond de la cause ; les témoins peuvent mourir dans l'intervalle des deux sentences, comment le juge d'appel éclairera-t-il sa religion ? La valeur de cette jurisprudence, au point de vue de la bonne administration de la justice, est criticable ; elle se rattache à la question de savoir si l'art. 215 inst. crim. est d'ordre public, question qui sera examinée plus loin.

Aujourd'hui, la Cour de cassation reconnait au juge d'appel le droit d'évoquer quand il est saisi d'un jugement correctionnel quelconque, sauf dans les cas suivants où la loi lui impose le renvoi à un autre tribunal.

1° (Art. 213, I. crim.), le jugement est annulé parce que le fait est une contravention au lieu d'un délit, si la partie civile ou la partie publique demandent le renvoi, la Cour ne peut le leur refuser.

2° Le fait qui a motivé le premier jugement a été par erreur qualifié de délit, quand il était un crime, la Cour doit se dessaisir en l'annulant (art. 214, I. crim.). La Cour de cassation a souvent appliqué ce principe, notamment dans un arrêt de rejet du 8 novembre 1827 (*Journal des Audiences*, 1828, 1, 531). Lorsqu'un tribunal correctionnel a, dans son jugement, donné à un délit une qualification erronée ; par exemple, il a prononcé une condamnation pour escroquerie, alors qu'il s'agissait d'une filouterie, la Cour, sans violer la règle des juridictions, peut statuer immédiatement sur cette prévention nouvelle (Nîmes, 15 novembre 1842. D. 1843, 4, n° 144). Cet arrêt de la Cour de Nîmes, est en contradiction avec celui rendu le 27 février 1837 par la Cour de Montpellier (*loc. citat.*, n° 144). Saisie, sur appel, d'une prévention de vagabondage, elle ne s'est pas reconnue le droit de condamner le vagabond pour rupture de ban, « attendu dit l'arrêt, que ce délit nouveau imputé au prévenu par le Ministère public, et qui est prévu et puni par les art. 44 et 45, C. p. n'a pas subi le premier degré de juridiction ».

Si le juge correctionnel, compétemment saisi d'un délit connexe à un crime, se dessaisit alors qu'il n'y a pas indivisibilité entre le crime et le délit, la Cour d'appel qui annulera le jugement, devra évoquer et statuer quant au délit (Cass. cr. rejet, 23 juin 1892, D. 93, 1, 297).

3° La dernière exception légale au droit d'évocation résulte de l'art. 1er de la loi du 29 avril 1806 : La Cour ne peut évoquer quand elle annule un jugement correctionnel pour incompétence, à raison du lieu du délit ou de la résidence du prévenu. Un grand nombre d'arrêts ont appliqué cette règle (Cass. cr. 6 octobre 1826. *Journal des Audiences*, 1827, 1, 28. Cass. 17 février 1826. *Journal des Audiences*, 1826. 1, 175, trois arrêts du 31 août 1827. Cass. *Journal des Audiences*, 1827, 1, 184).

Pour les autres causes d'incompétence la cour

annulant le jugement a le devoir d'évoquer (Cass. 26 janvier 1893. D. 1894, 1, 112).

Lorsque la garantie constitutionnelle existait en faveur des fonctionnaires, il est arrivé que plusieurs prévenus l'ont excipée à tort devant le tribunal correctionnel, la Cour, en annulant ces jugements, a pu évoquer le fond sans violer la règle générale, car le juge du premier degré avait par erreur dénié sa propre compétence, tandis que l'exception de la loi de 1806 vise le cas où le premier juge s'est à tort déclaré compétent, alors qu'il ne l'était pas à raison du lieu du délit ou de la résidence du prévenu. La Cour suprême l'a jugé dans divers arrêts entre autres, dans celui du 17 juin 1826, D. Rép. t. 15, p. 287, et celui du 21 septembre 1821, S. 1822, 1, 3 un maire, poursuivi pour diffamation avait excipé du défaut d'autorisation administrative. La Cour rejeta l'exception admise par le tribunal et renvoya devant un autre tribunal au lieu d'évoquer et de statuer sur le champ conformément à l'art. 215. Inst. crim., son arrêt fut cassé.

En résumé, sous l'empire de notre Code d'inst. crim., et de la loi du 29 avril 1806, la jurisprudence, sauf dans les cas d'exceptions légales cités plus haut, autorise la Cour à évoquer toutes les fois qu'elle annule un jugement pour violation ou omission des formes requises à peine de nullité. Peu importe que ce jugement soit d'incident ou sur le fond, et peu importe que les formes prescrites soient imposées par le Code d'Inst. criminelle ou par des lois subséquentes, ainsi un arrêt du 31 août 1827 de la Cour de cassation, a appliqué cette doctrine aux formes imposées par la loi sur la Presse du 26 mai 1829. (*Journal des Audiences*, 1827, 1, 184).

III. — *Conditions de l'évocation.*

1° Contrairement à ce qui a lieu pour les autres affaires, en matière correctionnelle, l'évocation est obligatoire pour le juge. Ce devoir lui est imposé sous peine d'encourir la censure (Cass. 19 mai 1853. *Bulletin*, n° 175. Cass., 1er juin 1861. D. 1861, 1, 347, 26 janvier 1893. D. 1894, 1, 112).

De là il faut conclure que le ministère public ou les parties n'ont pas besoin de réclamer cette mesure. Aujourd'hui, le juge d'appel doit évoquer, mais il n'est plus tenu, comme sous l'empire du Code du 3 brumaire an IV, art. 202, d'annuler la procédure seulement à partir du plus ancien acte nul. Cette disposition qui a été maintenue dans les recours contre les arrêts rendus en matière criminelle (art. 408, Inst. crim.), et contre les décisions en dernier ressort correctionnelles ou de simple police, n'a pas été reproduite par notre Code. De ce silence la Cour suprême a conclu que le juge d'appel reste maître d'apprécier si l'acte illégal a réagi sur le surplus de la procédure ; alors, il prononce l'annulation du tout (Cass. 20 novembre 1847, *Bull.* 281).

2° L'évocation suppose que le premier jugement a été infirmé, car le juge d'appel ne se trouve saisi qu'en raison même du vice dont la décision du tribunal correctionnel est entachée. Le texte du Code ne laisse aucun doute à cet égard, et la Cour de cassation a consacré le principe dans plus d'un arrêt (Cass. 1er septembre 1854. *Bull.* 274. Cass. 3 février 1888, D. 89, 1, 48 ; 19 octobre et 4 nov. 1893, S. 1894, 1. 63).

3° Contrairement à ce qui a lieu dans les espèces où l'art. 473 Pr. civ. trouve son application, le juge d'appel qui infirme un jugement correctionnel, et évoque le fond, n'est pas obligé de prononcer par un seul et même jugement sur l'incident et sur le fond. Aucun texte ne lui en fait un devoir, et cette faculté de renvoyer à une autre audience s'explique par la nécessité où il se trouvera souvent de s'éclairer sur les faits de la prévention. Ce droit au renvoi a été reconnu par un certain nombre d'arrêts de la Cour suprême, notamment le 5 juin 1828 (*Journal des Audiences*, 1828, 1, 316), mais ce droit est purement facultatif, et dans une espèce, au moins, on peut regretter qu'il n'en ait pas été fait usage. Une Compagnie poursuivait un agent pour abus de confiance, et se portait partie civile. Le prévenu demanda au tribunal de surseoir jusqu'à ce qu'il eût rendu ses comptes et il obtint le sursis. La Compagnie appela de ce jugement incident. La Cour d'appel infirma le jugement et statua au fond, non-seulement sur les intérêts civils, cause du sursis, mais encore sur les réquisitions de l'avocat général tendantes à l'application de la peine. La Cour de cassation lui a donné raison ; pour elle l'agent n'a éprouvé aucun préjudice, de ce que, sans appel de la partie publique, il a été condamné à la prison et à l'amende ; il n'avait pas été statué en première instance sur l'action publique, dès lors, elle n'était pas éteinte, et l'évocation a eu pour effet d'autoriser le ministère public à la porter directement devant le tribunal supérieur (Cass. 28 mai 1851, *Bull.* 195). En réalité, dans cette espèce, la situation du prévenu a été aggravée, il a été privé d'un degré de juridiction par l'influence directe de l'appel de la partie civile sur l'action publique. Cet abus lui a peut-être ôté le moyen de préciser l'étendue sa faute par la reddition de ses comptes.

4° Aux termes de l'art. 473, Pr. civ., la faculté d'évocation n'est exercée que si la cause est en état. Cela résulte notamment de ce que les parties ont pris des conclusions au fond. En matière correctionnelle, le Code n'exige aucune intervention des parties, pas même celle du ministère public (Cass. 1er juin 1861. D. 61, 1, 347). La Cour d'appel évoque d'office, et elle est tenue de le faire, aux termes et dans les conditions de l'art. 215, inst. crim. Il suffit que la cause soit entière et que les parties n'aient acquis aucun droit définitif que contrarierait l'évocation. Par exemple, un prévenu fait opposition à un jugement par défaut rendu contre lui par le tribunal correctionnel, puis il ne se présente pas ; le jugement devient définitif, et il n'est pas permis au juge d'appel d'y porter atteinte par une évocation, « attendu, dit l'arrêt de la Cour de « cassation, que le prévenu n'ayant pas comparu « sur son opposition, cet acte, aux termes de l'art. « 208, est demeuré comme non avenu ; que le pre- « mier jugement conservait toute sa force et deve- « nait définitif ; que le jugement prenait nécessai- « rement ce caractère, par cela seul que l'opposition « n'était pas soutenue, il n'était pas au pouvoir de « la Cour d'y porter aucune atteinte, que l'évocation « qui avait pour objet un nouvel examen du fond « n'était pas autorisée par la loi. » (Cass. 18 novembre 1554, *Bull.* 319). Dans ces limites, le juge d'appel est tenu d'évoquer, il apprécie souverainement si la cause est ou non en état de recevoir une solution immédiate, et l'arrêt précité montre que ce pouvoir d'appréciation peut engendrer de réels abus.

IV. — *L'art. 215 du code d'inst. crim. est-il de droit étroit ?*

Le code de brumaire an IV n'autorisait le tribunal criminel qui infirmait une décision correctionnelle à statuer sur le fond que si l'annulation était prononcée à raison du mal jugé. Les termes de l'art. 204 étaient formels à cet égard. Il ne voulait pas faire revivre les anciennes évocations, car dans tous les autres cas d'infirmation, il renvoyait l'affaire à un autre tribunal correctionnel du département (art. 202) ; le Code, dans cet article, cite les annulations pour violation ou omissions de formes prescrites par la loi, à peine de nullités et pour incompétence à raison du lieu du délit ou de la résidence du prévenu. A l'époque, cela comprenait toutes les causes de l'annulation, hormis celle du mal jugé. Cette énumération ne s'expliquerait pas, si elle n'était pas la condamnation de la pratique de l'évocation, car, dans les espèces où l'art. 204 était applicable, au lieu d'évoquer dans le sens juridique du mot, le tribunal supérieur statuait sur le fond en vertu de l'acte dévolutif d'appel, le juge du premier degré de juridiction ayant épuisé sa juridiction. Le respect absolu du double degré de juridiction était donc assuré par le Code des délits et des peines, dans la seule matière où il l'avait établie. Les jugements des tribunaux de simple police étaient souverains et, comme tels, susceptibles seulement d'un recours en cassation. La règle, en matière correctionnelle, donnait lieu à de nombreux renvois; seulement le second tribunal saisi ne recommençait la procédure qu'à partir du premier acte entaché de nullité; il achevait l'œuvre du premier. Ce maintien de la partie régulière de la procédure n'était-il pas une nouvelle preuve du respect porté au principe de la hiérarchie judiciaire? Les tribunaux ont bien cherché à enfreindre cette règle du double degré de juridiction, mais la Cour de cassation a réprimé ces tentatives. Dans ce sens, on peut citer un arrêt du 16 messidor an IX. (D. Rép. t. 15, p. 285). Le tribunal de la Seine, en annulant un jugement correctionnel rendu sur une exception dilatoire, avait statué à la fois sur cette exception, ce qui était son devoir, et sur le fond dont l'examen avait été ajourné par le premier juge. Il y avait là un excès de pouvoir, une violation du principe du double degré de juridiction. Dans une autre affaire, le juge correctionnel s'était refusé à juger; ce déni de justice n'a pas été considéré par la Cour suprême comme un mal jugé rentrant dans l'art. 204, et elle a cassé l'arrêt qui avait à tort évoqué le fond, après infirmation de la première décision (Cass. 8 prairial an XI. D. Rép. t. 15, p. 285).

La législation du droit intermédiaire peut donc se résumer ainsi : aucune évocation n'est autorisée en matière criminelle, et cela à une époque où en matière civile, elle se perpétuait dans la pratique des tribunaux, conformément aux anciennes ordonnances. La Cour de cassation qui sanctionne cette pratique ne la laisse pas pénétrer dans le domaine correctionnel. Le respect du double degré de juridiction est tel que lorsqu'un jugement correctionnel est infirmé pour violation ou omission des formes légales prescrites à peine de nullité, tout ce qui précède le premier acte nul est maintenu dans l'œuvre du juge du premier degré. Il importe de ne pas perdre de vue l'esprit du Code des délits et des peines et la doctrine conforme de la jurisprudence jusqu'au jour où la loi du 29 avril 1806 est venue apporter une modification à cet état de choses. En a-t-elle fait table rase? La réponse est fournie par son article 1er « lorsque, sur l'appel d'un jugement définitif en matière correctionnelle, la Cour de justice criminelle en prononcera la nullité pour violation ou omission des formes prescrites par la loi, la dite Cour statuera sur le fond ; il est quant à ce dérogé à l'art. 202 du Code des délits et des peines du 3 brumaire an IV. La disposition de cet article relative à l'annulation des jugements pour cause d'incompétence continuera de recevoir son exécution ». Pour se bien pénétrer de la pensée de cet article, il suffit de citer les paroles du rapporteur Goupil-Préfeln, dans l'exposé des motifs : « Il résultera de cette disposition plus de célérité dans l'administration de la justice, et moins de ces renvois d'un tribunal à l'autre, qui sont onéreux à la fois aux parties et au trésors public, et qui ne servent qu'à obscurcir l'instruction à charge ou à décharge sans profit pour l'innocent dont il retardent l'absolution ; le prévenu ne sera privé d'aucune des garanties que la loi lui assure : il aura joui du bénéfice des deux degrés de juridiction, puisque, je le répète, le projet veut qu'il ne soit statué sur le fond par la Cour de justice criminelle, que dans le cas où le jugement correctionnel sera définitif, et après que la Cour d'appel, si elle annule le jugement relativement à la forme, aura régularisé la procédure, en rétablissant l'omission ou en réparant la formalité défectueuse » (*Moniteur* du 30 avril 1806, p. 551). Rien de plus clair : le législateur permet d'évoquer à la Cour d'appel qui infirme un jugement correctionnel pour omission, violation de formes prescrites par la loi, à peine de nullité, dans l'intérêt réciproque du justiciable et de *l'ordre public* ; il n'entend nullement priver le prévenu du bénéfice du double degré de juridiction. A quel moment vote-t-il une loi animée de cet esprit ? au lendemain de la promulgation du Code de procédure civile, du décret du 27 avril 1806 contenant le titre sur l'appel, ce titre où la jurisprudence a cru découvrir que l'évocation organisée par l'art. 473 était établie dans l'intérêt unique des parties. Est-il probable qu'à si peu de distance, dans une matière identique, bien que sur deux terrains différents, le même législateur ait été inspiré par des motifs dissemblables ? évidemment non. La jurisprudence, en matière correctionnelle, comme en matière civile, a maintenu une doctrine peu conciliable avec l'esprit de la loi dans de nombreux arrêts précités ; elle en a dépassé les limites en privant souvent le prévenu du bénéfice des deux degrés de juridiction, en lui enlevant les garanties d'une instruction sérieuse devant le premier juge. Les recueils de jurisprudence ne mentionnent aucun de ces écarts depuis la loi du 29 avril 1806 jusqu'à celle du 19 novembre 1808, qui renferment la partie du Code d'instruction criminelle relative aux tribunaux correctionnels, non plus que jusqu'à celle du 20 avril 1810 qui réorganise les tribunaux d'appel correctionnel, au détriment du principe de la hiérarchie judiciaire. Loin de là, plusieurs arrêts montrent la Cour suprême très soucieuse du maintien de toutes les garanties légales assurées aux prévenus, ainsi la Cour criminelle d'Arras refuse d'entendre pour la première fois des témoins en appel, sous prétexte que l'art. 200 du Code du 3 brumaire an IV, autorise les tribunaux criminels « à entendre sur l'appel de nouveau les témoins ». Elle interprète les mots « de nouveau » comme signifiant « les témoins déjà cités ». Son arrêt est cassé pour fausse interprétation entraînant la privation pour le prévenu d'une des garanties consacrées par le droit public moderne (Cass., 9 nivôse an XIV. Sirey, 1806, 1, 223).

Un maire est accusé d'un délit de la compétence d'une Cour de justice criminelle et spéciale et d'un crime non connexes. La Cour criminelle ordinaire de la Stura, compétente pour juger le crime se dessaisit du crime et renvoie à tort devant la Cour de justice criminelle et spéciale, compétente pour le délit, jugeant qu'il y avait connexité, et la Cour spéciale statue sur le crime et sur le délit. La Cour suprême voit dans cette évocation une atteinte à la hiérarchie judiciaire et elle casse les arrêts de renvoi et sur le fond (Cass. 15 avril 1808, Sirey, 1809, 1, 381). A la veille du vote de la loi de 1810 sur l'organisation judiciaire, ce respect des règles de la compétence s'affirme encore. Ainsi une des Cours criminelles spéciales organisées par la loi du 18 pluviôse an IX pour juger certains crimes et délits, est régulièrement saisie d'un délit de vagabondage ; elle surseoit à statuer parce que le prévenu est en même temps inculpé d'escroquerie, délit relevant de la juridiction ordinaire. La Cour suprême casse l'arrêt de la Cour criminelle spéciale d'Indre-et-Loire pour avoir violé les règles de compétence (Cass. 13 avril 1810, Sirey, 1811, 1, 61).

Le jour où sont établis les tribunaux d'appel des chefs-lieux de département, l'organisation judiciaire reçoit une atteinte, au nom principalement de l'intérêt des parties ; c'était légal, mais la pratique des tribunaux, comme on l'a vu précédemment, a exagéré la violation du principe d'ordre public par des abus vraiment criants. La jurisprudence a perdu complètement de vue l'exposé des motifs de cette loi du 29 avril 1806 qu'elle combine avec l'art. 215 du Code d'instruction criminelle dans les considérants de ses arrêts. Les mots « jugements définitifs » que sont soulignés dans le rapport de la commission au corps législatif et que le texte a maintenus, n'ont pas de sens pour elle. Ce devoir que le rapporteur traçait à la Cour, quand elle évoquerait, « de régulariser la procédure en rétablissant l'omission ou en réparant la formalité défectueuse » est une lettre morte, car des évocations ont eu lieu alors que le premier juge n'avait pas examiné le fond et qu'il n'avait été fait devant lui aucune instruction sérieuse. C'est contraire à l'esprit de la loi de 1810; elle instituait juges d'appel correctionnel les tribunaux des chefs-lieux de département afin de garantir aux prévenus une meilleure instruction de la prévention. Cet abus est aggravé par ce fait que l'évocation, en matière correctionnelle, est obligatoire. Sans doute, le juge d'appel peut renvoyer le jugement du fond à une autre audience, mais c'est là une simple faculté, et il n'en use pas toujours quand il le devrait. Tout cela est de l'arbitraire et ne répond pas à une justice bien organisée. La jurisprudence affirme que l'art. 215. Inst. crim. n'est pas limitatif (Cass. cr. 20 janvier 1826, *Journal des audiences*, 1826, I, 204) sur quoi repose cette affirmation? Il est difficile de l'appuyer sur les trois articles du Code d'inst. crim. autorisant l'évocation. L'art. 213 permet à la Cour d'évoquer lorsque, saisie d'un appel correctionnel, elle reconnait dans le fait non pas un délit : mais une simple contravention; encore faut-il que la partie publique ou la partie civile n'aient pas demandé le renvoi au tribunal de simple police. L'art. 214 ordonne le renvoi à la Cour d'assises, quand le jugement correctionnel dont est appel a condamné comme délit un fait constituant un véritable crime. C'est le cas de répéter les paroles du rapporteur de la loi du 29 avril 1806 : « la nullité pour incompétence est d'ordre public ;

toute autorité cesse d'avoir ce caractère quand elle excède ses pouvoirs et l'acte émané d'un tribunal incompétent n'est point un jugement, mais un fait exorbitant que l'autorité supérieure doit s'empresser d'annuler sans même considérer la sincérité de la décision ». Il n'y a pas là, à proprement parler, une évocation. Quant à l'art. 215, il ne donne pas à entendre que l'annulation du jugement ait eu lieu dans un cas où le fond n'avait pas été débattu. Faute de le dire, il ne peut modifier le principe des deux degrés de juridiction. Malheureusement, les travaux préparatoires ne nous éclairent pas sur l'esprit qui a inspiré sa rédaction. Dans la commission, comme au corps législatif, il a été voté, sans aucune observation. Il serait inutile, aux yeux des partisans de la jurisprudence, si on ne lui faisait pas subir une application très large ; il resterait lettre morte, car un jugement définitif sur le fond déféré à une Cour, lui appartient tout entier, en vertu de l'effet dévolutif de l'appel. C'est possible, mais l'esprit de la loi du 29 avril 1806 ressort clairement de l'exposé des motifs, et la Cour suprême, qui ne la sépare pas de l'art. 215 Inst. crim., dans ses arrêts, le viole ouvertement. De plus, a-t-on le droit de s'appuyer sur l'obscurité d'un texte, même sur son inutilité pour ébranler le principe constitutionnel du double degré de juridiction ? ce n'est évidemment pas d'une bonne justice et, en matière correctionnelle comme en matière civile, l'évocation présente une lacune à combler par le législateur.

V. — *Sanction de l'art. 215, Inst. crim.*

Tout arrêt d'une Cour d'appel, évoquant, contrairement à l'art. 215, Inst. crim., un jugement correctionnel, sera sujet à un pourvoi en cassation.

POSITIONS

§ I.

POSITIONS PRISES DANS LA THÈSE DE DROIT ROMAIN

1° L'interdit est susceptible d'exécution forcée.

2° Les *judices pedarei* sont des fonctionnaires revêtus d'un caractère public.

3° A l'époque classique le *juramentum in litem* est l'unique sanction de l'*arbitrium judicis*.

4° Sous Justinien la compensation est restée judiciaire.

§ II.

POSITIONS PRISES DANS LA THÈSE DE DROIT CIVIL

5° Avant la constitution de l'an VIII les parties qui allaient *de plano* devant le juge d'appel ne perdaient en fait aucune des garanties que la loi attache au double degré de juridiction.

6° Les conditions imposées par l'art. 473 P. c. pour l'évocation sont de droit étroit et impératives, la volonté des parties ne peut y déroger sans porter atteinte aux principes de l'organisation judiciaire.

7° Pour les mêmes raisons l'art. 215 I. c. est de droit étroit.

8° Lorsqu'un tribunal d'appel infirme un jugement d'incident pour cause d'incompétence, si les conditions de l'art. 473 P. c. sont réunies, il a le droit d'évoquer le fond.

9° Le juge d'appel ne peut user de la faculté d'évocation conformément à l'art. 473 P. c., que s'il est le juge naturel d'appel du Tribunal dont il infirme la sentence.

10° Les formes des actes introductifs d'instance sont dans leurs parties essentielles d'ordre public, quel que soit le degré de juridiction. Donc les parties ne peuvent se présenter devant le 2e degré de juridiction qu'en vertu d'un acte d'appel, lequel suppose qu'une décision du premier degré est intervenue : donc on ne peut aller *de plano* en appel.

§ III.

POSITIONS PRISES EN DEHORS DE LA THÈSE

Droit Romain

11° La prohibition d'hypothéquer le fonds dotal résulte de la loi Julia.

12° Le mari peut seul, durant le mariage, revendiquer l'immeuble dotal par lui indûment aliéné.

13° En cas de gestion d'affaires le maître qui ratifiait était réputé avoir acquis la propriété du jour même de la tradition faite au gérant.

14° Il n'y avait pas de représentation par le *Cognitor*.

Droit Civil

15° L'art. 883 n'est pas l'expression d'une vérité juridique, il contient une fiction.

16° Les père et mère naturels ne sont pas réservataires.

17° Les héritiers du donateur peuvent invoquer le défaut de transcription.

Droit Maritime

18° L'art. 2279 c. n'est pas applicable aux navires.

Droit Commercial

19° L'adjudication après union purge de plein droit les hypothèques et les privilèges.

Procédure Civile

20° Quand le demandeur fait défaut, les juges, sur les conclusions du défendeur, peuvent statuer au fond ou prononcer un simple renvoi.

VU :

Le Président de la thèse,
GLASSON.

VU :

Le Doyen de la Faculté,
COLMET DE SANTERRE.

VU ET PERMIS D'IMPRIMER :

Le Vice-Recteur de l'Académie de Paris,
GRÉARD.

TABLE DES MATIÈRES

DE L'ÉVOCATION

Laval. — Imprimerie et stéréotypie, E. JAMIN, 8, rue Ricordaine.

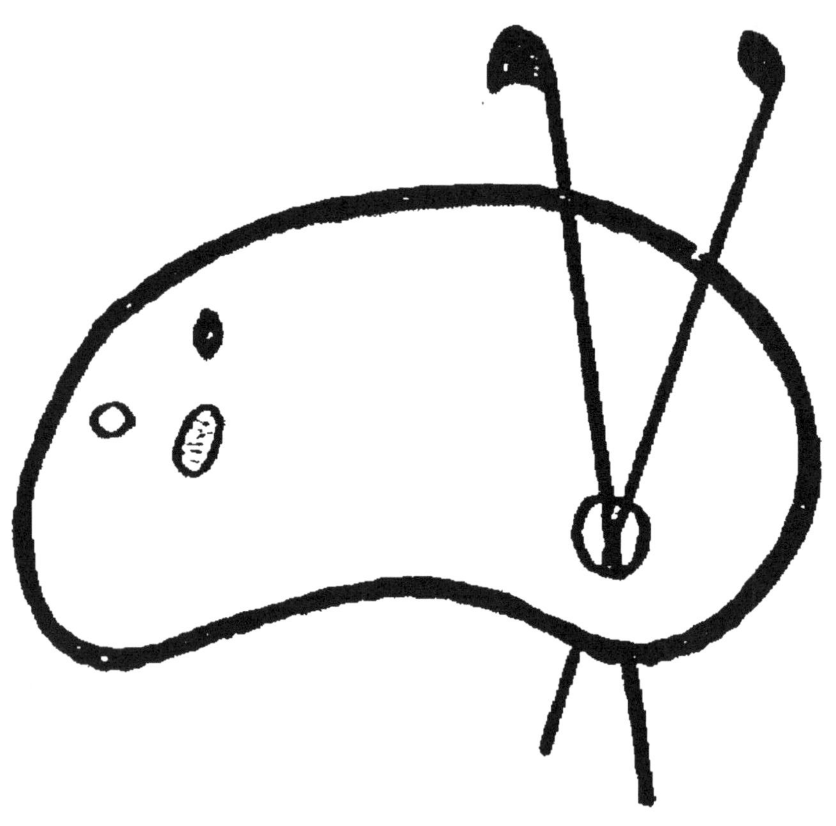

www.ingramcontent.com/pod-product-compliance
Ingram Content Group UK Ltd.
Pitfield, Milton Keynes, MK11 3LW, UK
UKHW020320230726
13925UKWH00002B/534